智能制造

重构制造发展模式与业态

段文琦 ◎ 著

電子工業出版社
Publishing House of Electronics Industry
北京 • BEIJING

内 容 简 介

智能制造是经济增长的重要驱动力。如何通过智能制造成为工业领域的领跑者？如何顺利完成制造转型与升级？如何在数字化时代形成强大的核心竞争力？这些都是值得我们思考和推敲的问题，而本书则针对这些问题给出了合理的解决方案。

本书牢牢抓住智能制造这个主题，讲述与之相关的各类理论知识和实战技巧。基础篇介绍了智能制造的概念、发展情况、转型方案；应用篇从生产、物流、零售、营销、服务等方面入手，分析智能制造的落地场景；实战篇描绘了智能制造的发展蓝图，为企业实现智能制造提供了方法指导，助力企业不断成长与进步。

图书在版编目（CIP）数据

智能制造 ： 重构制造发展模式与业态 / 段文琦著. 北京 ： 电子工业出版社，2024. 7. -- ISBN 978-7-121-48306-6

Ⅰ. F426.4

中国国家版本馆 CIP 数据核字第 2024N39Y19 号

责任编辑：刘志红（lzhmails@163.com）　　特约编辑：王雪芹
印　　刷：北京建宏印刷有限公司
装　　订：北京建宏印刷有限公司
出版发行：电子工业出版社
　　　　　北京市海淀区万寿路 173 信箱　邮编：100036
开　　本：720×1 000　1/16　印张：11.25　字数：180 千字
版　　次：2024 年 7 月第 1 版
印　　次：2025 年 6 月第 2 次印刷
定　　价：86.00 元

凡所购买电子工业出版社图书有缺损问题，请向购买书店调换。若书店售缺，请与本社发行部联系，联系及邮购电话：（010）88254888，88258888。

质量投诉请发邮件至 zlts@phei.com.cn，盗版侵权举报请发邮件至 dbqq@phei.com.cn。

本书咨询联系方式：（010）88254479，lzhmails@163.com。

前言

制造业是国民经济的主体，是实现“制造强国”战略的主要战场。自制造强国研究发布以来，各地都在推动智能制造新技术、新模式的应用，一大批具有特色的智能制造装备产业应运而生。

我国具有非常肥沃的发展智能制造的土壤。

一方面，我国已经形成门类齐全的工业体系，为智能制造行业的发展提供了雄厚的工业物质基础。2021 年，我国工业增加值为 372 575 亿元，比 2020 年增长 9.6%。

另一方面，我国先后出台了一系列鼓励发展智能制造的政策，不断加大对智能制造行业的支持力度。例如，《国务院关于加快培育和发展战略性新兴产业的决定》将高端装备制造产业定义为国民经济支柱产业；《当前优先发展的高技术产业化重点领域指南（2007 年度）》确定了当前应优先发展的十大产业中的 130 项高技术产业化重点领域；《高端装备制造业“十二五”发展规划》明确了高端装备制造业发展的重点领域和方向；《智能制造装备产业“十二五”发展规划》为推进我国智能制造装备产业的发展做出了规划等。

国家对智能制造行业的政策支持力度不断加大，由此可以看出，智能制造越来越受重视。虽然智能制造是一个风口，但企业想要顺利实现转型还需要做好迎接挑战的准备。

第一，智能制造的核心部件，如传感器、控制系统、工业机器人等，还依赖进口，其价格、交期、服务等严重制约智能制造的发展。

第二，企业管理观念滞后，缺乏信息化人才，没有针对企业具体情况的转型方案和系统规划。

第三，生产现场设备缺少数字化的接口，难以用智能化手段进行管理，且不同厂商生产的设备接口不统一，很难集成。

第四，虽然很多企业都意识到了“机器换人”的重要性，但怎么换、在哪个环节换并不明确，缺少系统的解决方案。

可见，企业迫切需要一本智能制造转型指南来指导企业的智能制造转型工作。本书融合了作者在智能制造方面的实践经验，以及与若干智能制造专家合作的案例，又引入了索尼、海尔、奥迪等著名企业智能制造转型的方法，从多视角分析智能制造的本质，展示了大量有利于尽快实现智能制造的策略和技巧。

本书的目标读者是制造企业的创业者、管理者、员工，有智能制造需求的人群以及对智能制造感兴趣的人群，可以帮助读者了解智能制造的发展情况和实施方案，有利于培养和提升读者的数字化能力。

目 录

基础篇 迎接智能制造时代

应用篇　智能制造落地场景

实战篇 智能制造发展蓝图

基础篇

迎接智能制造时代

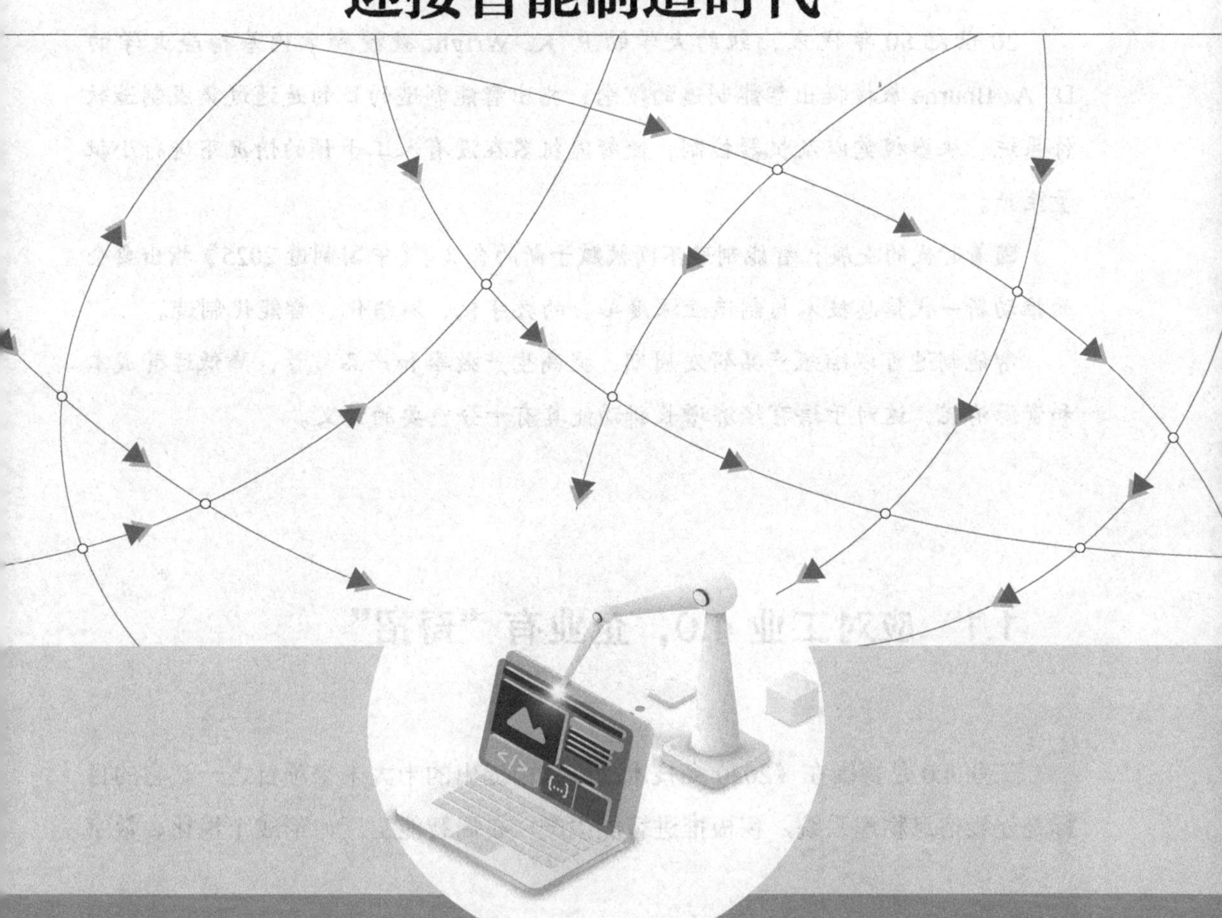

第1章

智能制造：感受进阶版工业 4.0

20 世纪 80 年代末，纽约大学的 P. K. Wright 教授和卡内基梅隆大学的 D. A. Bourne 教授提出智能制造的概念，指出智能制造的目的是通过集成制造软件系统、机器视觉以及机器控制，使智能机器在没有人工干预的情况下进行小批量生产。

随着时代的发展，智能制造不断被赋予新的含义。《中国制造 2025》指出要全面推动新一代信息技术与制造业深度融合的数字化、网络化、智能化制造。

智能制造可以缩短产品研发周期，提高生产效率和产品质量，降低运营成本和资源消耗，这对于培育经济增长新动能具有十分重要的意义。

1.1 应对工业 4.0，企业有“奇招”

工业 4.0 是德国在《2020 高技术战略》中提出的十大未来项目之一。它的目标是建设信息物理系统，积极推进智能生产，布局智能工厂，形成个性化、数字化、智能化的生产模式，引领第四次工业革命。

面对工业 4.0 的到来，众多企业各出“奇招”，例如打造自动化生产线、实时跟踪生产过程、发展机器视觉等，以期打造能够自行优化并控制生产过程的智能工厂。

1.1.1 打造自动化生产线

自动化生产线指的是由工件传送系统和控制系统将一组自动机床按顺序连接起来，自动完成产品制造过程的生产系统。由于近几年人力成本提高，并且客户对产品质量的要求也越来越高，因此企业建设自动化生产线势在必行。

自动化生产线涉及多种技术，包括可编程控制器技术、机器人技术、传感技术、网络技术等。各种技术之间紧密相连，共同为自动化生产贡献力量。

1. 可编程控制器技术

可编程控制器技术是一种负责顺序控制、回路调节的技术。它具有定时、计数、记忆和算术运算等功能，不仅能完成逻辑判断，还可以大规模控制开关量和模拟量。在自动化生产线中，可编程控制器替代了传统的顺序控制器，实现了更高效、精准的顺序控制。

2. 机器人技术

随着人工智能技术的进步，机器人现已广泛应用于各大企业的生产线中，例如，机械手可以负责装卸工件、定位夹紧、工序间的输送、加工余料的排出、包装等工作。目前，智能生产线中的机器人不但具有运动操作功能，还具有视觉、听觉、触觉等感官辨别能力，可以辅助决策。

3. 传感技术

传感技术指的是传感器的技术，它可以感知周围环境，例如气体、光线、温度、湿度等，并把模拟信号转化成数字信号，传送给中央处理器处理。传感技术可以帮助企业实时跟踪生产过程，并及时处理和识别生产过程中的问题，保证高质量、高效率生产。

4. 网络技术

网络技术的飞速发展让自动化生产线中的各个控制单元得以构成一个协调运转的整体。5G网络的高速率、低时延、大带宽等特点可以帮助工厂建立全要素感知体系，通过统一的智能管理平台实现全流程管理。

1.1.2 引入技术，实时跟踪生产过程

生产过程跟踪是指对生产每件产品的全过程进行跟踪记录，直至产品入库。

MES（Manufacturing Execution System，制造执行系统）是一套针对工厂执行层的生产信息化管理系统，它可以为企业提供数据管理、计划排程管理、生产调度管理、库存管理、质量管理、设备管理、采购管理、生产过程跟踪、数据集成分析等服务。其中生产过程跟踪模块能将生产现场的各项生产数据传输给其他模块，是MES中最基础的功能模块。

生产过程跟踪不仅是在生产过程中统计产品产量，还包括明确原料信息、员工信息、工艺信息等，以掌握全面的生产数据，对其进行深入分析。

在生产过程中，产品的位置信息、负责操作的人员、设备信息等都是在不断变化的。这要求企业在进行生产过程跟踪时要具有动态思维，即通过有效的数据采集方法获得准确的工厂生产信息反馈，时刻把握生产现场的状况。

生产过程跟踪收集到的各种信息还会被MES用于产品质量追溯。当进行产品质量追溯时，系统将对生产过程跟踪时获得的生产过程中的设备、人员、工艺、原材料等信息进行迅速查询。

企业可以通过产品质量追溯来查询产品的历史信息，包括生产时间、生产流程、质量检测结果等。这些信息可以还原产品生产的过程，让整个生产过程变得公开、透明、可追溯。

企业使用 MES 进行生产过程跟踪，及时把握生产信息，可以帮助企业应对时刻变化的市场和客户需求，让企业可以更迅速地做出反应，调整生产方案。生产过程跟踪让生产现场管理透明化、生产过程数字化，使得工厂实现了智能化变革，先一步迈入工业 4.0 时代。

1.1.3 迎接机器视觉的发展“黄金期”

机器视觉指的是用机器代替人眼来做测量和判断，它是制造业的重要组成部分。机器视觉市场空间广阔，近年来随着人工智能技术的快速落地、机器人产业的持续发展，机器视觉迸发出强劲的活力。

1. 机器视觉在我国的发展历程

20 世纪 80 年代，众多电子和半导体工厂落户广东和上海，机器视觉生产线被引入我国。它在我国的发展主要经历了 3 个阶段。

（1）启蒙阶段（1999—2003 年）

在启蒙阶段，一些对品质有较高要求且可以承受高成本的工业领域率先使用机器视觉技术。例如，机器视觉技术进入特种印刷行业，为人民币印刷提升自动化水平、统一质量标准等做出了重要贡献。

（2）发展阶段（2004—2007 年）

在发展阶段，本土机器视觉企业开始研发出更多自主核心技术，同时在机器视觉设备和系统集成领域涌现出更多新应用。凌云等专注机器视觉软件平台开发的企业也是在这一时期出现的。

（3）高速发展阶段（2008 年及以后）

在高速发展阶段，众多机器视觉的核心器件研发厂商出现，业务涉及相机、采集卡、镜头以及图像处理软件等。我国企业的机器视觉技术能力有了一定的提升，推动了机器视觉行业的高速发展。

2. 政策和市场对机器视觉行业的双轮驱动

如今，机器视觉技术广泛应用于机器人、汽车制造、制药、电子等领域。在政策和市场的双轮驱动下，机器视觉行业不断发展。

（1）政策加码

如今，中国制造业走向全球化、信息化和专业化，国家十分重视高端装备制造业的发展，不断发布各项政策支持产品研发和市场扩展。2021 年 10 月，我国发布了《智能制造 机器视觉在线检测系统 通用要求》，于 2022 年 5 月实施。这明确了机器视觉技术的国家标准，对机器视觉行业提出了更高的要求。

（2）市场推动

目前我国的人口红利正在逐渐消失，很多工厂出现劳动力短缺的问题。人工成本不断上升倒逼工厂加快自动化、智能化转型进程，企业对机器视觉技术的需求也随之增大。特别是在新冠肺炎疫情暴发之后，众多企业对机器视觉技术的需求更加旺盛，机器视觉技术在身份核验、工业质检等方面呈现出较高的渗透率。随着前沿技术应用逐渐落地，机器视觉市场规模将进一步增大。

随着制造业转型升级程度不断加深，工业自动化、智能化成为很多企业的需求，机器视觉技术得以广泛应用，迎来发展黄金期。

1.2 新经济时代，智能制造势不可当

社会在进步，科技在变革，企业想要始终立于行业潮头，就必须不断创新，为旧事物注入新能量。在企业数字化转型的大趋势下，智能制造是大势所趋。只有实现制造智能化、数字化升级，企业才能增强核心竞争力，占领市场制高点。

1.2.1　工业物联网颠覆整个制造业

智能制造是制造业未来发展的大趋势，而工业物联网则是实现智能制造的途径。工业物联网指的是将具有感知、监控能力的采集、控制传感器、移动通信、智能分析等技术融入工业生产的各个环节中，从而提高制造效率，改善产品质量，降低资源消耗，实现工业智能化。工业物联网的应用意味着在未来企业中，大至感应器、软件，小到电灯泡，都可以快速且顺畅地实现信息交互，形成网状的智能体系。

工业物联网有以下几点优势，如图 1-1 所示。

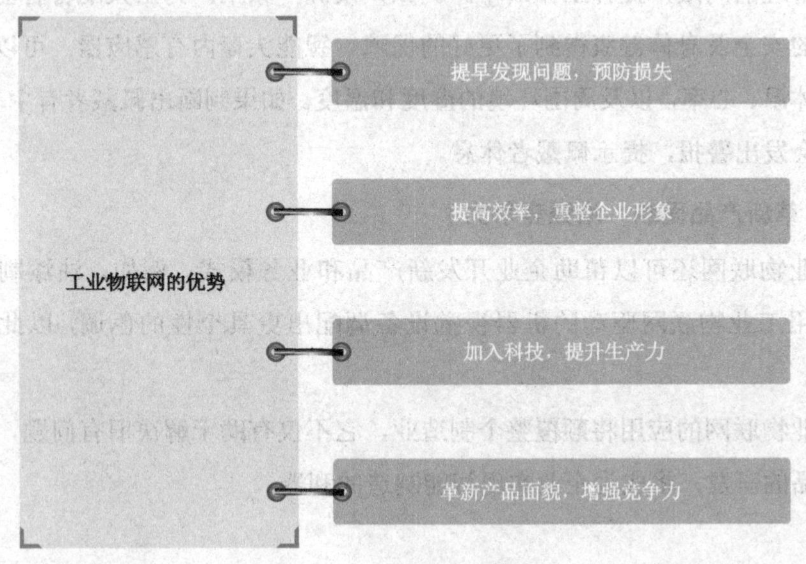

图 1-1　工业物联网的优势

1. 提早发现问题，预防损失

在制造业，工业物联网最早的用途之一是预测性维护。企业可以运用工业物联网提早发现生产设备存在的问题，避免遭受重大损失。例如，在机器出现振动频率增加的问题时，感应器通过工业物联网将信息传送到预测性分析软件上，分析结果是涡轮上的刀片正在逐渐分离。这样企业便可以在刀片完全分离之前收到信息，并及时通知厂家维修，避免机器持续运作产生更大损失。

2. 提高效率，重整企业形象

传统制造业的供应链通常是流水式运作，而引入工业物联网后供应链各个流程将被打通，使企业可以更快、更精确地做出相应行动。例如，订单突然变更，需要生产不同的产品，企业可以通过扫描器和感应器监测原料用量，实现更迅速的转变。

3. 加入科技，提升生产力

AR（增强现实）能为生产制造提供帮助，而工业物联网与AR的结合可以克服人工管理的局限，提升工作效率。例如，澳洲一家工厂为工人配备智能头盔，让工人的安全及身体健康得到了更好的保障。智能头盔内有感应器，可以监测佩戴者的体温、心率，以及周围环境的湿度和温度。如果判断出佩戴者有中暑风险，头盔就会发出警报，提示佩戴者休息。

4. 革新产品面貌，增强竞争力

工业物联网还可以帮助企业开发新产品和业务模式。例如，油漆制造企业可以使用工业物联网驱动的机器视觉设备调配出更具个性的色调，以此建立独特优势。

工业物联网的应用将颠覆整个制造业，它不仅有助于解决旧有问题，还有助于新产品的研发，将成为企业实现智能制造的利器。

1.2.2 AI 变身连接人与机器的桥梁

随着AI（人工智能）的高速发展，我们与机器互动的方式发生了改变。从借助鼠标、键盘，到触摸感知，再到语音交互，人工智能重构了生产力工具，也重新定义了人与机器的关系。

1. 语音交互

如今，人与机器的交互更倾向于人类自然对话体验。语音识别和语义理解正在逐渐落地并大规模应用，例如智能家居、手机、车载、智能穿戴设备等产品就采用了语音交互技术。未来，随着语音交互自然度的进一步提升，人与机器的交互体验会更趋向人类自然对话的体验。

2. 多通道交互

除了自然、便捷的语音交互外，随着机器视觉技术的发展，人们还可以通过指纹、面部表情、肢体动作等与机器实现多通道交互。其中人脸识别是近几年发展较为迅速的生物特征识别技术，人们可以通过人脸识别进行安全解锁、安全支付、安全通行，这给人们的生活带来很多便利。

3. 人物设定

一些智能机器拥有明确的人物设定（简称“人设”）。所谓人设指的是用户在与机器互动时感知到的机器的角色形象，包括性格（外向、内向等）、关系（助手、朋友等）以及属性（性别、年龄等）等。目前，很多企业都为人工智能打造人设，例如给人工智能机器人起名字、设置性别、年龄、性格特征等，让用户的交互体验更有真实感。

4. 主动交互

从前的机器大多是被动交互，即人类输入问题，机器反馈结果。而随着人工智能赋予机器情境感知和自主认知能力，机器可以做出主动交互行为。机器会根据情境主动判断需要为人们提供什么服务，进一步提升人机交互的体验水平。

5. 情感交互

随着智能机器逐渐在人类生活中占据重要地位，人们开始关注其情感智能。一些智能机器，例如情感陪护机器人、智能音箱、智能汽车等，可以根据不同的场景，和人们进行适当的情感交互。情感在人类的感知、认知和行为中非常重要，机器具备了情感识别的能力，就可以更加透彻地理解情境和人类思维，变得更智能、体贴。

随着人工智能技术的进一步成熟，人类与机器将在更多场景中进行更顺畅的沟通。企业甚至可以引入数字员工，提升生产制造的效率。

1.2.3 时代产物：高度自动化的智能工厂

智能工厂是工业 4.0 和智能制造的一个典型产物，它指的是广泛应用工业软件，具备设备互联、精益生产、环境友好、自动化、智能化等特征的工厂。智能工厂依托于工业物联网、大数据分析、无线通信等技术，可以将大量数据转化为行动和决策，形成高度自动化的生产管理系统，让生产线、仓储管理、物流快递、商务销售等方面产生联系，提高生产力、产品和服务质量，以及制造的灵活性。

2020 年 9 月 16 日，“犀牛工厂”的神秘面纱终于被揭开。犀牛工厂是阿里巴巴集团保密了整整 3 年的新型“智造工厂”，它与盒马鲜生“师出同门”，以服装制造行业为切入点，是阿里“五新战略”的重要组成部分。

犀牛工厂首次创造了数字印花技术，即将印花的参数利用投影技术进行定位，极大地提升了印花效率。这项技术也使得犀牛工厂将订货流程的行业平均水平由“1 000 件起订，15 天交付”缩短为“100 件起订，7 天交付”，帮助中小型企业解决了供应链的问题。其 CEO 伍学刚表示，犀牛工厂致力于将中小型企业从繁重的生产制造中解放出来，增强它们的竞争优势，使它们可以专注于业务创新。

制造强国研究指出，在重点领域试点建设智能工厂/数字化车间，“加快推动新一代信息技术与制造技术融合发展，把智能制造作为两化深度融合的主攻方向”。智能工厂对提升制造业生产水平，推动企业数字化转型有着重要作用。

1.3 痛点分析：智能制造面临严峻挑战

智能制造是我国“制造强国”战略的重要组成部分。虽然目前我国制造业发展迅速，但仍处于中低端发展阶段，技术能力弱等问题亟待解决。

1.3.1 技术能力亟待提升

虽然我国制造业的技术能力有了很大提升，很多工厂、车间应用了先进技术、智能设备，但新技术研发能力依然薄弱。下面是我国智能制造行业在技术方面面临的问题。

1. 概念满天飞

智能制造浪潮兴起，工业物联网、企业上云、工业大数据、智能工厂、数字化转型等概念相继出现，一些传统的制造企业很难从中抽丝剥茧，找到转型的起点。除此之外，智能制造涉及的技术很多，如云计算、边缘计算、射频识别、机器视觉、虚拟现实、3D 打印等。这些技术看起来都对转型有很大帮助，但如何取得实效，很多企业还不得而知。

2. 摸着石头过河

我国很多企业在推进智能制造的过程中缺乏技术经验，面临严重的信息孤岛问题，导致多环节、多部门之间沟通不畅，难以形成系统规划。

3. 装备制造业仍然是瓶颈

目前我国的装备制造业难以跟上智能制造发展的步伐，这使得很多构想都无法实现。虽然我国的互联网、物联网、大数据、云计算、5G 等技术处于优势地位，但制造执行单元，即机床，还有很大的发展空间。

4. 基础数据平台深度开发不受控

企业想要实现智能制造，需要 MES 和 ERP（Enterprise Resource Planning，企业资源计划）两个基础数据平台的辅助。但目前我国缺乏相关的自主研发的软件平台，因此在深度开发上受到限制。

5. 算法开发

智能制造的实现需要企业能够充分运用数据进行自决策、自管理、自学习，这离不开算法开发。算法开发是一项跨界、跨学科的复杂工作，既要求企业对业务有深入理解，又要求企业具备 IT 技术思维。目前，我国很多企业在算法开发方面还有一定的进步空间。

基于以上技术原因，我国很多企业实现智能制造还有很长一段路要走。因此，企业需要加大自主研发力度，突破装配和软件技术的瓶颈，将整个生态链中的核心技术把握在自己手中。

1.3.2 缺少一个规范的发展体系

随着经济全球化的深入，统一的标准成为产品之间沟通的“通用语言”。因此，制定智能制造标准体系成为制造业转型升级的一大要务。

在实施中国制造强国战略和“互联网+制造业”的背景下，推动企业生产方式变革，打造新的产业竞争优势，需要以智能制造为主线，引导传统制造业转型升级。

不同的人对智能制造的内涵有不同的解读，就像工业 4.0 的概念火热之后，全世界出现了 100 多种关于工业 4.0 的解读，这对于推进智能制造落地实施是一个很大的阻碍。

中国工程院制造业研究室教授董景辰曾表示：“只有标准得到统一，智能制造的互联互通和信息融合才能实现。”我国现阶段的智能制造缺乏标准规范，导致企业跨平台、跨系统集成应用时，遇到了很多问题。

我国智能制造在标准规范方面存在的问题主要有两个：一个是缺乏完整的智能制造顶层框架，另一个是与智能制造相关的关键技术，如物联网、大数据、云计算等，发展路径不清晰，标准不统一。这些问题导致不同厂商的产品兼容性差，难以集成。

制定智能制造标准体系是一项极为庞大且复杂的工作，除了企业间要紧密合作外，相关部门还要做好顶层设计，调动各方的积极性，形成合力，共同推动智能制造标准的制定。

第2章

全球化发展：制造强国纷纷入局

制造业涵盖的范围十分广泛，对国民经济有着重要作用。可以说，没有制造业，就没有生产工具与设施，农业、服务业以及其他行业也就无法实现进一步发展。随着经济全球化的发展以及生产技术的升级，越来越多的国家开始意识到制造业的重要作用，并加入制造升级的队伍中来。

2.1　德国：积极推动制造转型

从技术模仿，到自主创新，再到实现跨越式发展，德国制造业形成了以质量、品质取胜的制造模式。如今，德国大力推进工业 4.0 战略，通过应用物联网以及服务互联网技术，积极推动制造转型，在新一轮技术与产业革命中抢占话语权。

2.1.1 从工业1.0到工业4.0

按照目前的共识，工业1.0是蒸汽机时代，工业2.0是电气化时代，工业3.0是信息化时代，工业 4.0 则是利用信息化技术促进产业变革的时代，也就是智能化时代。

德国政府率先提出“工业4.0”战略，此战略提出的目的是保持德国在全球工业方面的主导地位，并强化在新工业革命中的竞争优势。

德国“工业 4.0”战略主要包含“1 个核心”“2 重战略”“3 大集成”和“8 项举措”。

（1）1个核心。德国的工业4.0的核心是“智能+网络化”，即通过数字技术以高端制造装备组建智能工厂，从而实现智能制造。

（2）2重战略。德国的工业4.0通过双重战略来提升制造业的竞争力。一是要求装备供应商遵循工业 4.0 的理念，将先进技术与传统生产相结合，生产出更加智能的生产设备。二是强调有效整合整个制造业市场，构建遍布全国的高速互联网络，实现信息共享、分工合作，提升制造业的生产效率。

（3）3大集成。德国工业4.0的实施过程中需要3大集成的支撑：一是工厂内生产的纵向集成；二是产品的设计与开发、生产计划、生产过程以及售后维护等全流程的数字化集成；三是全国制造业的横向集成，包括产品的标准化策略、社会分工合作、探索新商业模式以及社会可持续发展等。

（4）8项举措。为了实现工业4.0，德国具体实施了8项举措，分别是：实现技术标准化和开放标准的参考体系；建立模型来管理复杂的系统；提供一套综合的工业宽带基础设施；建立安全保障机制；创新工作的组织和设计方式；注重培训和持续的职业发展；健全规章制度；提升资源效率。

2.1.2 “小而美”成为企业关注点

德国有 1 300 多家专注于细分领域的企业，这些企业不急于扩张也不大力进行营销，而是凭借过硬的品质赢得客户的口碑，所以常被称为“隐形冠军”。

“德国制造”向来都是高品质的代名词，所以才催生出许多“隐形冠军”。这些企业在专业细分市场处于领先地位，知名度并不高，却有许多成功的经验值得我们借鉴。

德国辛恩特种钟表有限公司（Sinn）是一家为飞行员、消防员、潜水员等职业人群提供特种手表的公司，是特种表领域的领头羊。

辛恩公司为了制造出能在各种极端条件下应用的计时工具，研发了多项专利技术，如氩气除湿技术、滴定技术、高硬度防刮技术等。这些技术有辛恩公司自主研发的，也有借鉴其他行业的现有技术的。辛恩公司把它们运用到制表业中，解决了手表在极端环境下可能会显示不清、容易碎裂等问题。

辛恩公司的研发人员占员工总数的 15%～20%，但手表的设计并不是研发人员“一言堂”，而是广泛听取各方意见。无论是从业多年的老员工还是新人实习生，都可以对设计提出建议，并且拥有同样的被采纳概率。

辛恩公司从未找明星代言，也不大力做广告，他们始终坚信“极致的产品会说话”。在他们看来，消费者的口碑比任何广告营销都有效。

辛恩公司强调员工技能培训和企业文化，公司的每位员工都对产品富有责任感，他们把组装一块手表视为自己的使命。企业与员工的双向认同使员工的流动率大幅降低，并赋予辛恩公司继续向前的动力。

在工业 4.0 的背景下，“小而美”逐渐成为企业关注的重点。生产自动化和智能化让企业对数据实现了进一步利用，从而帮助自身更加了解用户，生产出“会说话”的极致产品。

2.1.3 库卡 Quantec 机器人让自动化更简单

德国库卡公司（KUKA）是全球领先的工业机器人供应商之一。它推出的 Quantec 机器人系列产品型号齐全，包括多种基础类型的机器人，并且提供各种配置，能满足许多客户特殊的应用需求。Quantec 机器人让自动化生产变得更简单，它具备以下几种优势。

1. 紧凑轻便

相较于其他同等级的工业机器人，Quantec 机器人的重量减少了 160 千克，体积减小了 25%，同时还保持了最大作用范围和负荷能力，是市场上功率密度最高的产品之一。Quantec 机器人凭借体积小的优势降低了对空间的要求，甚至在狭窄的空间中也能工作，可以完成紧凑的单元布局工作。

2. 快速精确

Quantec 机器人的组件非常轻盈，这使得 Quantec 机器人的动作更敏捷，运转周期更短。

3. 设计更具兼容性

在设计上，Quantec 机器人采用了常规组件搭配 4 组各异的电动机和传动装置的方案。与该公司之前的系列机器人相比，Quantec 系列所有机器人的安装底座上都有相同的孔型，腕轴上还有统一的工具轮缘，因此兼容性更高。

库卡公司与各个行业的专家、合作伙伴以及终端用户密切合作，不断创新产品，为用户提供更多更加完美的解决方案，获得更大的成功。

2.2 美国：坚持“高精尖”生产

美国也非常重视制造业的发展，瞄准“高精尖”制造领域，在计算机、芯片等高端制造领域有很大的建树。

2.2.1 工厂外迁对美国有何影响

在过去，美国众多大型企业在一些发展中国家开办工厂，其目的主要是利用发展中国家的廉价劳动力和优惠政策赚取高额回报。但制造业外流也给美国带来一定影响，如图 2-1 所示。

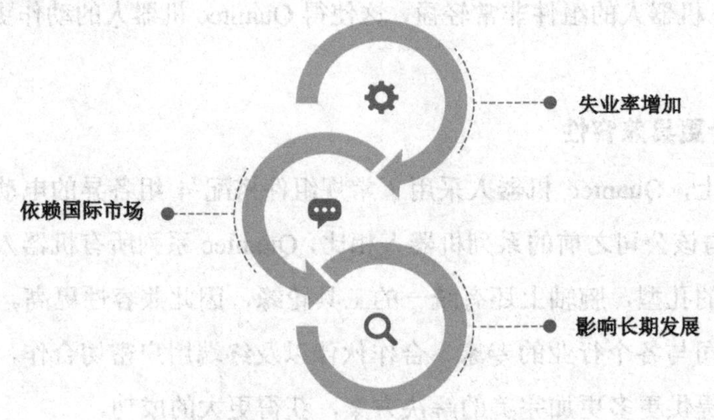

图 2-1 制造业外流给美国带来的影响

1. 失业率增加

由于制造业外流，美国的制造业就业岗位减少，失业率不断增加，进而造成美国贫困家庭比重增加，导致社会有效需求下降。

2. 依赖国际市场

制造业中的低端市场虽然利润稀薄，但体量巨大。制造业外流造成美国对国际市场的依赖度加深，一旦国际市场发生波动，美国的制造业和其他附属行业会受到直接影响。

3. 影响长期发展

从根本上来说，美国制造业大量外流不利于其长期发展，因为制造业不景气会直接影响国民经济的发展速度和质量。制造业就像一座房子的地基，当金融风暴来袭时，如果没有强有力的地基支撑，国民经济就会摇摇欲坠。

美国制造业外流还会动摇其技术根本。在工业 3.0 时代，互联网是支撑美国经济发展的重要动力，美国的一大批科技巨头就是最好的佐证，如微软、谷歌、亚马逊等。但在制造业外流的影响下，美国本土的制造业劳动力转移，科技企业不得不在海外建立工厂。

众所周知，科技企业的成长离不开市场的强劲需求，本国的社会有效需求下降，势必会影响科技企业的发展。总体来说，制造业和科技行业处在相互影响的动态环境中，一方发展停滞，另一方必然受到影响。基于这些因素，美国不得不实施“再工业化”战略，事实也证明，美国之前的“去工业化”道路已经不适合当下的时代发展。

2.2.2 培育新型生态系统，共享资源

自美国通用电气（GE）、国际商业机器公司（IBM）等龙头企业主导的工业互联网联盟成立以来，它们的动向一直是其他国家工业互联网发展的风向标。在发展策略上，美国注重创新发展，以创新战略为强大驱动力，发挥美国互联网发达的优势，利用新兴技术自上而下升级本土制造业。

首先，美国坚持实施“再工业化”战略。国际金融危机爆发后，美国意识到长期发展制造业的重要性，进而出台了各项政策。美国政府先后发布了“先进制

造业伙伴计划”“国家制造业创新网络”等政策，旨在通过技术创新使本土工业的竞争力得以提高。美国还通过新一轮技术革命成果引领、改造其他产业等措施，推动产业优化升级，加快第四次工业革命进程。

其次，美国龙头企业带动工业互联网发展。通用电气作为美国传统制造业的巨头，率先意识到数字化转型的重要性，推出 Predix 工业互联网平台，大力推动了工业互联网发展。此外，美国 ThingWorx 平台还被多家研究公司评为“全球工业互联网市场技术领导者”，它已成为全球范围内应用最为广泛的工业互联网平台之一。

最后，美国积极打造工业互联网发展生态。工业互联网联盟致力于开展测试验证、标准制定、国际合作等工业互联网生态建设，初创了美国工业互联网生态体系，极大地推动了美国乃至全球工业互联网技术的应用与发展。

2.2.3 罗克韦尔：连接生产车间与其他部门

罗克韦尔自动化有限公司是一家致力于工业自动化与信息化的公司，能够帮助很多企业提高生产力并实现可持续发展。

罗克韦尔自动化有限公司推出综合质量管理应用程序，使得客户企业更轻松地制定和执行过程质量管理方案。通过与自动化系统和质量管理系统紧密集成，质量管理应用程序可以快速收集数据并进行数据交换，从而在产品出厂前找出不合格产品。

罗克韦尔的目的是将车间数据与 ERP 系统及业务分析相结合，从而连接生产车间与其他部门，进一步提高生产力并更好地管理全部业务。对于那些没有 MES，但想要升级质量管理系统的制造企业来说，罗克韦尔的综合质量管理应用程序为它们提供了解决方案。

当产品需要进行质量检查时，综合质量管理应用程序可以通过内置的通知引擎快速告知相关人员。如果检查未通过，可组态的升级工作流会将操作分配到额外的质量抽样和纠正环节，从而对生产线上的产品进行补救。这款质量管理应用程序可以让工厂与管理人员更清楚地掌握已完成产品、可疑产品和作废产品的总量。

除此之外，该综合质量管理应用程序还可以在台式计算机和多种设备上运行，大大降低质量管理系统的运行成本和操作难度。

罗克韦尔自动化有限公司以优秀的自动化技术经验为工业控制提供了信息化解决方案，为企业提升生产力提供了帮助。

2.3 日本：致力于发展高端制造

日本从20世纪70年代中后期开始进行产业结构转型，由传统制造业转为新兴制造业，以计算机、电子技术为代表的新兴产业增长迅速，而一般制造产业则增长停滞。产业结构转型顺应了日本产能过剩以及劳动力成本增加的趋势，帮助其成功跻身制造强国的行列。

2.3.1 巩固“机器人大国”地位

日本是世界上人口老龄化最严重的国家之一，这使得日本日益减少的劳动力向护理业转移，加剧了制造业的人力危机，也阻碍了国民经济的持续增长。因此，机器人代替人工成为日本应对日益严峻的人口问题的重要突破口。

日本在机器人研究和应用方面一直处于全球领先地位。机器人解放了劳动力，日本的机器人主要被应用在以下领域，如图2-2所示。

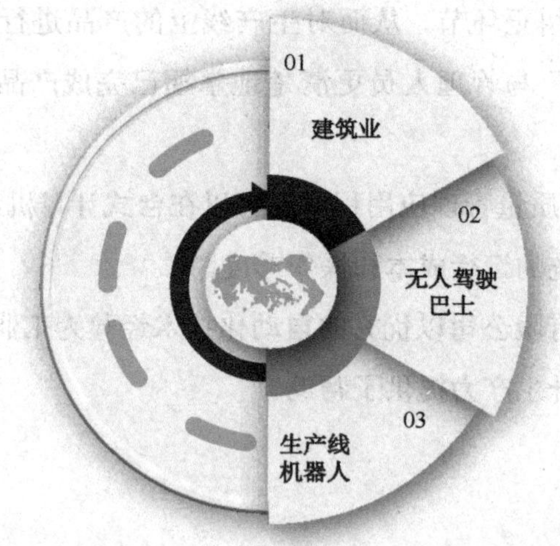

图 2-2 日本机器人的应用领域

1. 建筑业

日本无人机服务提供商 Terra Drone 与建筑设备生产商日立建机达成合作关系，共同推进无人机在建筑工地的应用。Terra Drone 致力于为用户提供全自动无人机土地测绘和分析服务。

2. 无人驾驶巴士

日本企业 DeNA 和法国企业 EasyMile 合作研发了无人驾驶巴士。通常来说，一辆小型的无人驾驶巴士能以 30 km/h 的速度行进，最多可搭载 12 名乘客。在未来，无人驾驶巴士会出现在更多的公共场所，包括工厂、大学校园以及商场等。

3. 生产线机器人

在日本的工厂中，机器人代替人工并不罕见。机器人能够在生产线上高效工作，这有效缓解了日本劳动力短缺的问题。

随着日本人口老龄化不断加剧，机器人代替人工成为主流趋势。机器人正在由制造业蔓延至服务业，未来，日本的机器人会广泛地应用于更多行业，为更多的人提供便利。

2.3.2 “工业价值链”战略的卡位之战

日本制造业为了解决制造企业之间的互联问题，提出“工业价值链”战略。该战略通过搭建顶层架构，让不同企业能在“松耦合”的状况下实现连接，从而形成制造业的生态体系。

在智能制造的浪潮中，大部分企业都在聚焦企业内部的互联互通，而日本这一策略则另辟蹊径，致力于解决企业间连接的问题。也就是说，日本试图建立一个生态系统，以实现制造业整体的转型升级。

“工业价值链”战略由日本机械工程学会生产系统部门启动，并且已经获得METI（日本经济产业省）的支持。目前该战略已经有 180 多家机构参与，其中 100 多家为企业，且以大企业为主。

“工业价值链”战略表现了日本企业进军智能制造的决心，同时，这也是日本对智能制造趋势的一种明智感知。以企业联合体牵头，将工厂连接到一起，更容易推进全行业的转型。

为了应对工业 4.0，促进制造业的发展，日本采取了 3 大战略：一是推动“工业价值链”战略的发展，打造日本制造企业联合体；二是借助机器人，以工业机械为突破口，探索领域协调的方式；三是利用物联网实验室，与其他领域合作，创新业务。

“工业价值链”战略是日本“通过民间引领制造业”的重要抓手，也是日本智能制造的核心布局。

2.3.3 索尼是如何实现制造转型的

索尼依靠电子制造业起家，在科技产品还未普及的年代，索尼就已经是众多“80 后”心中的“黑科技”代表。索尼的创始人盛田昭夫致力于培育市场，他主持研发的 Walkman、特丽珑等产品有着震惊世界的销量，甚至影响了 iPhone、iMac 等产品的销量。

索尼的发展和变革离不开几代管理者的高瞻远瞩。

索尼创建之初，井深大和盛田昭夫就希望能将电子和工程技术应用于生产消费产品，创建引领世界电子产品潮流的公司。

1948 年，井深大申请了美制磁带录音机在日本生产的专利权。起初，这个产品并没有引起太多人的兴趣，盛田昭夫认为产品的创造力不够。

盛田昭夫认为录音机最大的市场在学校，而他们的录音机产品重达 36 千克，价格高达 700 美元，这样笨重且昂贵的产品很难受到学生的欢迎。于是公司的工程师经过苦思冥想，终于用 9 个月的时间生产出一个手提箱大小的磁带录音机，价格也降低到原来的一半。在盛田昭夫的推销下，4 万所学校中 2/3 的学生都购买了录音机，而拥有一台录音机也成为年轻人的时尚风潮。

然而，索尼并没有止步于此。井深大的商业嗅觉非常敏锐，他听说贝尔实验室研制出一种名为晶体管的东西，于是就立刻飞到美国买下了专利权，并组织技术小组攻关。他的目标是将产品微型化，生产出别人无法生产的东西，最终索尼生产出世界上第一台袖珍晶体管收音机。随后索尼又生产出世界上第一台袖珍立体声录音机、微型电视机等，索尼也收获了“索尼产品永远是最新的”的商界美誉。

索尼第六任总裁出井伸之认为索尼应当做数字世界的主宰，为此他推出了一系列个人计算机。此外，索尼还出口了一系列数字产品，例如 MAVICA 摄像机以及采用 CDMA（Code Division Multiple Access，码分多址）技术的便携式高保真立体声系统。后来，出井伸之又调整了产品和经营计划，准备迎接即将到来的互联网时代，向新的领域进军。

出井伸之还对公司内部的运作模式进行了调整，他提出设立“虚拟公司”的想法，由这个临时性机构开发混合产品。除此之外，为了促进各部门的思想交流，他还成立了高层管理委员会，向公司各部门灌输协作精神。

2010 年，索尼开始向绿色产业转型，制订了针对气候变化、资源循环、生物多样性等领域的“走向零负荷”环境计划。根据索尼的计划，2050 年索尼的各项生产活动可以实现对环境的负荷降低至零，实现可持续发展。

2.4 中国：紧紧跟随发展新潮流

当前，全球制造业面临新一轮转型升级，传统的生产和供应链体系面临重塑。面对新发展潮流带来的机遇与挑战，“中国制造”急需向“中国创造”转型。因此，制造型企业需要补短板、锻长板，加强基础技术创新，进一步向高端制造跃升。

2.4.1 元宇宙成为制造升级新动能

当前，制造领域的产品设计、生产、测试等环节往往都是在现实世界中完成的，每个环节都需要耗费大量的时间、资源。而元宇宙与制造的结合则提出了新的解决方案，企业可以将设计、制造、测试等环节搬到虚拟世界中，在虚拟世界中实现低成本、反复的测验，以更完善的方案指导现实中的生产制造。

1992 年，美国作家尼尔·斯蒂芬森（Neal Stephenson）首次在其科幻小说《雪崩》中提到了“Metaverse”（元宇宙）这一概念。在书中，元宇宙是一个脱胎于现实世界、与现实世界平行的虚拟世界。

元宇宙如何赋能智能制造？凭借数字孪生技术，生产制造的各个环节都可以在虚拟世界中呈现，现实中身处异地的人们也可以在虚拟世界中协同工作。未来，随着技术的发展，智能数字工厂将会出现，所有的制造流程都可以在虚拟世界完成。

下面将从生产优化、设备运维、产品测试、技能培训等环节入手，分析元宇宙制造的应用场景。

1. 生产优化

借助元宇宙，人们可以身临其境般地体验虚拟工厂的建设和运营情况，并与虚拟工厂中的设备进行实时互动，从而更直观、便捷、高效地优化生产流程，实现智能生产。例如，在建设虚拟工厂时，人们可以通过元宇宙模拟实体工厂的建筑结构、设备摆放、生产线安排等情况，以便对资源配置的合理性和准确性进行提前验证。

此外，对于实体工厂出现的任何变动，人们都可以在虚拟工厂中模拟，从而更精准地预测产品生产状态，实现生产流程优化。例如，宝马引入英伟达打造的元宇宙平台 Omniverse，对 30 多座工厂的生产流程进行调整，极大地提升了生产效率。

2. 设备运维

之前大多数企业都是通过大数据分析对设备进行预测性维护的，现在这项工作可以在元宇宙中完成。元宇宙打破了空间和时间的限制，进一步提升了设备维护的响应效率，可以使设备得到更迅速、高质量的维护。例如，在元宇宙打造的虚拟工厂中，运维人员将不再受到地域限制，即使他们身处异地，也可以在设备出现问题时对设备进行远程维护。

如果设备出现的问题难度大、复杂程度高，那么各地运维人员可以通过元宇宙在虚拟工厂中会合，一起讨论并制定解决方案，从而提升维护效率，让企业更快地恢复生产。

3. 产品测试

企业通常要在产品上市前对产品进行测试，元宇宙能够为企业提供一个虚拟空间，让企业检验产品的性能。另外，企业还可以在虚拟空间与现实世界中对产品进行同步检验，实现虚实结合，从而使企业更充分地感受产品的内外部变化，进一步提升检验效率。

例如，智能芯片具有工艺精密、对安全性要求高等特点，因此测试流程往往十分复杂，而且必须满足多项行业标准。元宇宙可以为智能芯片测试提供虚拟空间，让企业用较低的成本对智能芯片进行测试，提升智能芯片测试的效率和准确性。

4. 技能培训

制造领域需要专业人才，元宇宙可以帮助企业对员工进行技能培训，让员工更规范地操作设备进行产品生产，从而尽快成为专业人才。对于地震、火灾等特殊情况，元宇宙也可以搭建一个虚拟空间，供员工进行逃生演练，帮助员工提前熟悉逃生路线和事故处理办法。

元宇宙连接了现实世界与虚拟世界，具有虚实融合的特性，能够助力企业生产流程优化，推动制造升级。为了迎接元宇宙时代的到来，企业要不断提升算力，夯实技术基础，在智能芯片、传感器、光学镜头、VR/AR 等方面进行深入探索和研究。

2.4.2 打造智能制造生态链

华为是一家专业研发生产通信设备的科技企业，总部位于深圳，员工约 17 万人。2021 年，华为的全球销售收入为 6 368 亿元，净利润为 1 137 亿元，同比增长 75.9%。如此亮眼的成绩是多种因素共同作用的结果，但最重要的一个因素是华为的企业文化。

华为非常崇尚“狼性”精神，以“狼性”精神铸造企业文化。华为总裁任正非曾在《华为的冬天》一文中生动阐述华为的“狼性文化”。具有“狼性”的华为积极打造自己的智能制造生态链，时刻让自己处于主导地位。华为的智能制造生态链有以下 3 个方面的内容，如图 2-3 所示。

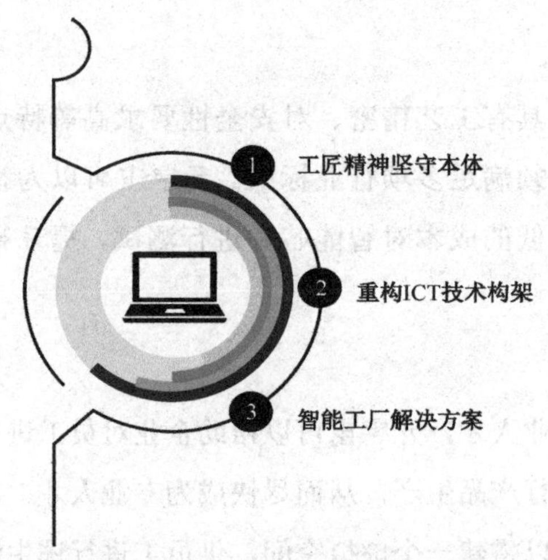

图 2-3　华为的智能制造生态链

1. 工匠精神坚守本体

任正非认为，企业在积极学习经验的同时，不要追求机会主义，而是要守住自己的本体，以工匠精神执着追求，在浮躁的社会坚守本位。

2. 重构 ICT 技术构架

在工业 4.0 时代，华为的重点是重构 ICT（ICT 是 Information、Communication、Technology3 个英文单词的首字母组合）技术构架。为此，华为发布“BDII（Business-Driven ICT Infrastructure）行动纲领”，旨在以业务驱动创新。这也是华为布局工业 4.0 生态链的重要内容。

3. 智能工厂解决方案

华为以综合运用多种技术为核心，通过无线网络和有线网络相配合的模式构建智能工厂。同时，华为还提供一体化制造云解决方案，用于解决大数据分析问题。

具有“狼性”精神的华为大刀阔斧地打造智能制造生态链，同时，任正非对智能制造的看法非常“朴实”，认为华为必须踏踏实实地走好每一步。有人将华为与“手机”“荣耀”等同，但事实上华为重视的是 ICT、云服务等业务，这些业务是华为实现智能制造的重要支撑。

2.4.3 长虹："5G+工业互联网"生产线

2020年1月15日，四川长虹电器股份有限公司（以下简称"四川长虹"）宣布，其"5G+工业互联网"智能电视大规模定制生产线正式投入使用。

该生产线是长虹智能制造产业园中的生产线之一。生产线中应用了工业机器人、机器视觉、边缘计算等高新技术，实现了数字化生产。在该生产线上，原材料立库、整机生产线和成品立库无缝集成，同时 MES、ERP、QMS（Quality Management System，质量管理体系）等系统也实现了全面集成，整条生产线的效率提升了60%。

该生产线还将信息流横向连接总装厂、前端配套厂以及外部供应商，纵向连接企业的研发、供应、生产、销售、财务等关键环节，实现了关键环节信息的互联互通。同时，通过自动化单机设备、立体物流系统，该生产线实现了生产全过程的自主调度、管理以及决策，全面提升了运营效率。

除此之外，四川长虹"5G+工业互联网"智能电视大规模定制生产线延展了自身的多阶段混联离散型生产模式，运用生产信息化系统、虚拟仿真等技术，使多层穿梭车、地面 AGV（Automated Guided Vehicle，自动导引运输车）等硬件设备配合运行，提升了小批量订单的制造能力，兼顾了个性化定制与大规模生产两方面的需求。

第3章

转型方案规划：用技术变革传统

企业要想实现制造转型升级，就要先规划转型方案，了解相关技术及转型方法，并学习其他企业的成功经验，最后制定符合企业发展进程及业务规划的转型方案。

3.1 智能制造核心技术

新技术是智能制造发展的助推力，其中大数据、AI、数字孪生、云计算等技术是加速智能制造发展的核心技术。

3.1.1 大数据："智造"离不开数据

工业大数据是指由工业设备高速产生的大量数据。如何有效应用这些数据，以提升制造业的生产力、竞争力、创新力，是全球制造业转型需要解决的重要课题。

工业大数据是制造企业实现转型的关键技术，它可以通过促进数据的自动流动，实现智能生产、精益管理、产品服务和协同创新，从而克服人工决策的不足，减少资源浪费。

然而，目前我国的工业大数据还存在一些问题。例如，各生产环节信息采集不充分，出现信息孤岛现象；缺乏统一标准，工业大数据集成应用难度大等。

智能制造领域的业务问题比较复杂，企业需要具体问题具体分析，寻找个性化的解决方案。信息基础薄弱的企业可以着重进行数据基础建设，包括数据规划、数据标准制定等。一些信息化程度较高的企业可以着重进行数据运营、业务一体化等建设，将各类数据集成应用，进一步打通各环节，实现资源的最优配置。

工业大数据的来源和应用环节都比较复杂，企业想要建立提高制造业务价值的全域数据体系，可以从以下几个方面着手，将生产制造数据整合到经营管理过程中。

（1）建立统一的数据标准，加快数据质量、数据治理等关键标准开发，建立全行业数据规范。

（2）加强基于场景的数据的应用，让业务更加贴近用户，加速产业落地。

（3）整合数据，实现数据共享。一方面，整合企业内部数据，横向打通多个业务系统，纵向打通从工厂到集团的信息渠道，消除企业内部信息孤岛，促进业务一体化。另一方面，实现企业、客户、上下游合作伙伴之间的数据共享，提升数据资源的价值。

3.1.2 AI：人与机器协同工作

如今，招工难、人力成本不断上涨及生产效率低等问题困扰着诸多企业。为了解决这些问题，机器人的应用范围逐渐扩大，这一点在工厂中表现得尤为明显。

例如，某工厂之前有上百万名工人，但是现在每年减少几万名员工，这正是机器人代替人工的表现。

一些小企业已经将劳动力结构转型提上日程，这进一步导致“招工热”逐渐消退。很多企业对高附加值工人的需求大幅度提升，而低附加值工人则被机器人代替。虽然智能机器人可以完成很多工作，但是这并不意味着短期内它将完全顶替工人。

就现阶段而言，我国的机器人还处于初级状态，未来的发展道路还很长。另外，机器人虽然能够保持工序完全一致，但是其应用只局限在大规模生产中，而且单位时间成本比较高。

例如，电器制造工厂引入机器人需要耗费百亿元，甚至千亿元，如果一年只生产几百台电器，那么短时间内很难收回全部成本。而且大多数机器人仅能实现单一动作的重复，如果一条生产线需要满足多种电器的生产需求，对于机械设备与控制系统的要求很高，那么企业就需要投入更多资金、时间成本。

对于有精细化生产需求的企业来说，它们需要的是拥有比较完善的自我意识、能够进行准确辨识与灵活组合的机器人。但是目前我国技术无法生产出这种机器人，今后机器人是否能在生产过程中得到广泛应用取决于其识别功能的完善程度。

截至目前，机械臂是发展时间最长的一种机器人，其经过了近 20 年的发展。占据市场份额最多的四大工业机器人企业是日本的发那科、安川电机，以及瑞士的 ABB 和德国的库卡。

在生产机器人的过程中，虽然 70%的部件，如控制与视觉系统、马达等，我国都能做到自主生产，但是其余 30%的核心部件的生产技术现在依旧掌握在一些外国企业手中，我国只能通过进口的方式得到部件。在这种情况下，我国的企业必须进行生产技术升级，尽快研发出更加高级的智能机器人，实现人与机器协同工作的智能生产。

3.1.3 数字孪生：超越现实的神奇技术

在制造业升级的过程中，数字孪生技术将发挥关键作用。什么是数字孪生？数字孪生是一种将现实世界镜像化到虚拟世界的技术，即依据现实物体创造一个数字孪生体。同时，现实物体与数字孪生体之间是相互影响、相互促进的。简而言之，数字孪生就是创造一个还原现实世界的虚拟场景，支持人们在其中进行各种尝试。

当前，数字孪生已经从概念走向实践。借助于数字孪生技术，企业可以实时收集产品性能数据，将其应用到虚拟模型中。通过这种模拟，企业能够尽快明确产品的设计流程，测试相关功能，提升产品研发和生产的效率。例如，通用电气公司借助数字孪生技术，使每个机械零部件都有一个数字孪生体，并借助数字化模型实现产品在虚拟环境中的调试、优化，从而调整产品方案，将更完善的方案应用于现实生产中。这不仅提高了企业的运行效率，而且节省了企业的调试、优化成本。

能够实现模拟预测的数字孪生方案最早应用于工业自动化控制领域，之后随着数字孪生技术的发展，其应用逐渐扩展到企业数字化、智慧城市等更多领域。通过在虚拟世界中投射现实世界，并对数据进行智能分析，企业可以实现相应业务的自动化、智能化管理。

在应用数字孪生技术的过程中，企业需要注意两点。

第一，数字孪生面对的不是静止的对象，形成的也不是单向的过程，其面对的是具有生命周期的对象，形成的是双向的演进过程。因此，数字孪生应用在工业场景中时，其生成的不仅有拟真三维模型，还有工业场景在运行过程中基于各种变动的动态演绎。准确地说，数字孪生不是形成一个单一的虚拟场景，而是展现一个数字孪生的时空。

第二，数字孪生不仅重视对海量数据的表现，而且重视拟真模拟背后的数据分析。数字孪生呈现的是一个动态的过程，这意味着其需要对海量数据进行分析。在此基础上，数字孪生不仅能够根据当前数据搭建起相应的虚拟场景，而且能够根据数据的变化模拟出相应场景的变化。以数字孪生在工业制造中的应用为例，数字孪生不仅能够模拟产品的当前状态，而且能够借助各种数据展现产品的不同迭代路径。

总之，数字孪生能够实现动态数字空间的打造，工业制造的诸多场景都可以复刻到这个数字空间中。借助各种数字模型，企业可以进行多方面的推演、预测，进而做出更科学的决策。

3.1.4 云计算：IT 要素升级的“加速器”

制造业的发展离不开云计算技术的支持，云计算能够实现云存储、云渲染，为制造业的智能转型奠定基础。简单来说，把互联网的基础设施变成一种有价值的服务去售卖的付费商业模式就是云计算。这种模式最突出的优势是具有超大规模，可以帮助用户处理复杂的数据任务。云计算有以下 5 个优势，如图 3-1 所示。

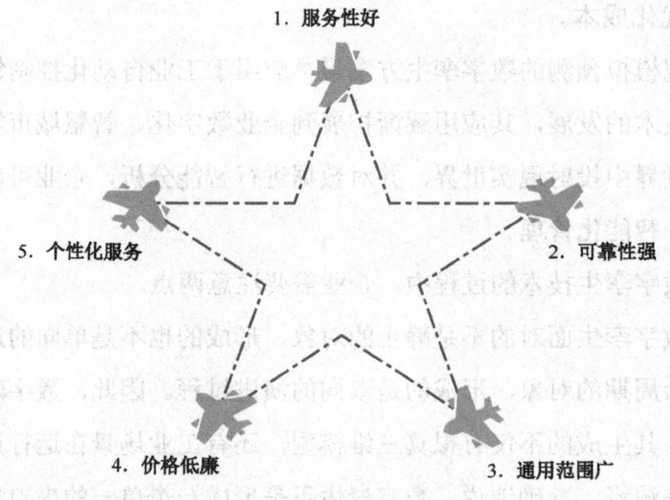

图 3-1 云计算的 5 个优势

1. 服务性好

从某种意义上说，云计算是一种数字化服务，用户即使不清楚云计算的内部运行机制也可以使用相应服务。

2. 可靠性强

云计算技术主要是通过冗余方式进行数据处理。这种数据多副本容错、计算节点同构可互换的措施可以有效降低错误出现的概率，所以，应用云计算比本地计算机更能保证数据的可靠性。

3. 通用范围广

在储存和计算能力方面，云计算技术不针对特定应用程序，也就是说，云计算可以在智能检测的同时支撑多个应用运行。

4. 价格低廉

云计算具有特殊的容错措施，平台构建费用远低于超级计算机的构建费用，自动化集中式管理也可以降低管理成本。这不仅能够提高资源利用率，总体性能也可以达到理想的效果。

5. 个性化服务

云计算能够根据客户需要为其提供个性化服务，客户按照使用量付费，享受不同的服务，实现按需购买。

综上所述，云计算可以借助以上优势加速网络和算力的升级，让企业能够提升数据处理的效率，进而实现智能化。

3.2 如何实现制造转型

企业要想实现制造转型，除了要熟悉技术，还要熟悉制造转型的方法，例如，推出独特的产品与服务、进一步提升技术能力、一切以用户的需求为基础、跟随时代变革发展思维等。

3.2.1 推出独特的产品与服务

智能制造有两个核心：一个是生产的价值在哪里，另一个是如何找到生产的价值。这两个核心可以归结为价值驱动。制造企业要想拥有价值驱动，需要从好产品、优服务两个方面着手。

1. 好产品

好产品离不开好设计，好设计离不开大数据。如今，用户的个性化需求越来越明显，或许一个细节就能让产品脱颖而出。在“小数据”研究的基础上加上大数据，更有助于产品设计。

例如，德国制造企业雄克采取了 SAP 智能产品设计方案，以促进数字化创新在实际工程场景中的实现。SAP 智能产品设计方案将“数字化双胞胎”理念通过虚拟镜像展现出来，设计人员根据数据就可以提供产品的 360° 全息视图，从而让用户深入了解产品的细节。

借助于 SAP 智能产品设计方案，设计人员可以通过仪表板直接访问产品相关信息，如产品结构或三维模型，也可以跟踪现场设备的性能，将数据整合在一起，对产品设计的马力与用户实际消耗的马力进行对比，发现不同之处，推动工程调整。

另外，雄克可以通过 SAP 智能产品设计方案轻松启动一个新产品的设计研发，满足市场需求。通过协同功能，雄克还可以为各部门之间的密切合作提供强大的虚拟平台。SAP 智能产品设计方案的核心是一整套 SaaS（Software as a Service，软件即服务）软件，有利于为雄克提供多种设计方案。

智能化时代的产品设计有三大要素：一是多元化的实时协同，可以保证相关数据的一致性；二是需求驱动产品设计，可以增强用户需求与产品的关联；三是实时的产品智能分析，可以帮助设计人员和用户全面把控产品质量。

2. 优服务

优服务的目的是让用户拥有最极致的体验。例如，平安银行曾在新春营销期间推出了独具特色的AR营销活动。在活动期间，用户打开平安口袋银行App，就可以看到AR活动"奇妙刷新街"的入口。

点击入口进入之后，展现在用户眼前的是一座以3D建模技术打造的虚拟古代城市，其中水榭楼台、流水繁花应有尽有，整个城市华丽又喜庆。凭借AR技术，城市中的场景能够给予用户一种沉浸感。

虚拟世界中无处不在的"小白人"就是其中的主角"小安"，跟随"小安"的脚步，用户可以转换各种场景，从不同角度探索这座虚拟城市。

该活动凭借VR技术打造了大规模的虚拟街景，其中的亭台楼阁体现了我国古代的建筑风格，立体形态的设计还为用户呈现出一个唯美的奇幻世界。同时，活动给用户带来虚拟与现实结合的沉浸式交互体验，用户不仅可以在其中自由进行AR观光，而且可以体验多样的优惠活动。这种具有时代感和科技感的服务更加符合当今消费者的需求。

除了平安银行，一些企业正试图将AR/VR和实体店结合起来，将实体店升级为"数字双子店"，以便在构建虚拟娱乐体验的同时吸引更多消费者。在"数字双子店"中，如果消费者浏览产品，AR/VR设备会实时更新产品的上下架信息，而且还会根据消费者挑选的产品，重新排列产品位置，改善消费体验。

之前，企业的销售路径是"脱颖而出吸引消费者关注—明确与竞争对手之间的差异和优势—促使消费者购买"。AR/VR不仅简化了这一销售路径，而且为消费者提供了更加便捷、更加真实的消费体验，充分激发了消费者购买的欲望。

综上所述，智能制造产生价值驱动的关键在于产品和服务。产品好了，才可以引起消费者的关注；服务优了，才可以吸引消费者重复购买。

3.2.2　进一步提升技术能力

智能制造不能少了技术，这一点毋庸置疑。对于传统制造业而言，技术代表着智能化；对于各大制造企业而言，技术代表着数据化、自动化。

秦皇岛有一家特殊的水饺工厂，这家水饺工厂大约有500平方米，非常干净、整洁。但奇怪的是，在这家水饺工厂中，几乎看不到一个工人，取而代之的则是各种各样的机器，而且这些机器可以全天候不间断地工作。

无论是和面，还是放馅，抑或是捏水饺，全部都由机器完成，俨然形成了一条完整的全机器化生产线。在这家水饺工厂中，一共有以下几种类型的机器，如图3-2所示。

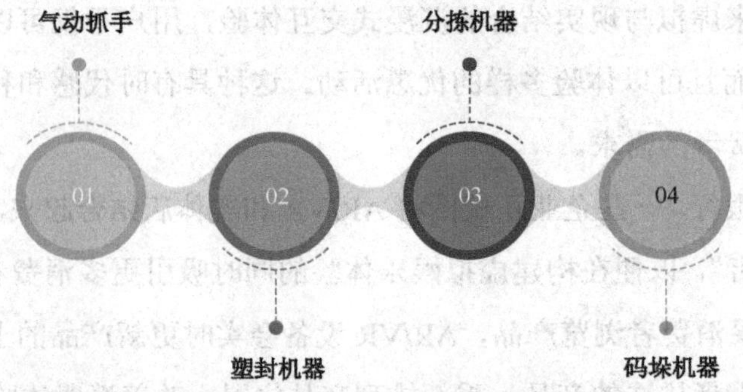

图3-2　水饺工厂中的几种机器

这些机器都有各自需要负责的工作，其中，气动抓手主要负责抓取已经包好的饺子，并将其放到准确的位置上；塑封机器主要负责给速冻过的饺子塑封；分拣机器则需要给已经塑封好的饺子分类（由于分拣机器上有一个带吸盘的抓手，因此不会对饺子和包装造成任何损坏）；码垛机器可以将装订成箱的饺子整齐地码放在一起，而且不会感到疲倦和厌烦。

引进了机器以后，水饺工厂的工人不足20人，而且大多数工人都是在控制室或实验室里工作。虽然工人数量比之前有了大幅度减少，但工作效率没有下降。

水饺工厂用机器代替了工人，不仅大大节省了人力，而且把工人从繁重的劳动中解放出来。

智能化、自动化生产使得水饺工厂的优势逐渐凸显出来，在节省人力和提高效率的同时，可以大幅度降低人为风险，最大限度地保障产品质量。

水饺工厂是众多智能制造案例中的一个，充分体现出技术的重要性。可以说，一旦拥有了技术、引进了机器，产品的故障率就会变低，企业的水平就会更高，而工人则只需要完成日常监测和检查即可。

3.2.3 一切以用户的需求为基础

很多时候，一台空调，卖的不是空调，更多的是围绕空调的服务，如空气干燥时提醒及时补水、天气骤变时提醒调整温度等；一台汽车，卖的不是汽车，更多的是行程定制，如路况分析、目的地介绍等。

这表明在智能制造时代，企业必须基于用户需求开发新服务。对于制造业而言，供需不匹配是一个亟待解决的问题，这个问题会引发一系列“副作用”，如库存积压、产品不足、难以为用户提供优质服务等。

一般情况下，造成供需不匹配的原因可以分为两类：信息不对称和能力不满足。

由于存在主观因素的误导，信息不对称不太可能被完全消除，但企业可以通过技术来弱化客观因素（如地理限制）与主观因素之间的差异，从而使生产者和用户的交互渠道更加直接、扁平、低成本、高精准。

能力不满足是指面对供需的变化，由于受既成布局、行为习惯等因素的影响，无法动态调整预先安排。智能制造要求企业除了能在生产过程中及时调整预先安排，还要求企业为用户提供服务。

智能制造的产品模式具有定制化和服务化的特点，能够满足用户需求，为用户提供有价值的产品。

1. 定制化

企业根据用户需求及时调整生产工序和工艺，灵活地生产出各种产品；用户通过互联网下单后，订单送达工厂；工厂根据订单定制用户需要的产品，通过模块化的拼装，实现用户对不同功能的需求，最大限度地缩短产品的生产周期。

2. 服务化

企业从以传统的产品生产为核心，转向为用户提供具有丰富内涵的服务，再到为用户解决问题。以戴尔为例，戴尔虽然比不上 IBM、康柏等历史悠久、资金雄厚的企业，但依旧占据可观的市场份额，其中一个重要的原因就是定制化生产。

对于企业来说，实现定制化生产是一件非常困难的事情，尤其是电脑这种既涉及高新技术、又涉及精益制造的产品，企业所要投入的成本与遇到的困难更多。戴尔建立直销网站，将其作为定制化生产的主要平台。在直销网站上，客服人员为成百上千的用户提供咨询服务，使戴尔与用户进行无障碍、零距离的沟通交流。

戴尔开创性地将新零售方式融入产品生产中，始终坚持以用户需求为本，实现了基于用户的大规模定制化生产。在戴尔直销网站上，用户可以自己设计、配置喜欢的产品，包括电脑的功能、型号、外观及参数等。

戴尔设立了自助服务系统，用户可以与客服人员直接沟通，这样不仅省掉大量的中间环节，用户还可以享受到方便、快捷的服务。除此之外，戴尔还为用户建立了非常全面的数据库，用户可以在里面看到各类硬件和软件的简介，以及可能出现的问题和解决方法。

为每一位用户量身定做产品，并辅以个性化的服务，是“以用户需求为本”的直接体现。对于企业来说，这不仅有助于用户的吸引和留存，而且可以让效益更加丰厚，为自身的转型升级奠定坚实的经济基础。

3.2.4 跟随时代变革发展思维

随着制造业数字化、网络化、智能化程度不断加深，信息技术的应用与突破，以及新能源、新材料和新商业模式的变革，制造业正在遭受巨大冲击。传统的制造业是“生物体思维”，而新时代的制造业是“生态链思维”。

“生物体思维”也被称为“利己思维”，是指不断使自身变得强大，不考虑对外部环境的影响；“生态链思维”则不一样，是指与合作伙伴、用户、社会共同成长、共同进步、共同受益、共同发展壮大，最终形成你中有我、我中有你的利益群体。智能制造要求企业具有构建完整生态链和走向全球化的新思维。

制造业是我国经济的重要增长点，在互联网普及的当下，“制造业+互联网”成为制造业发展的新型模式之一。知名电子产品制造企业小米所打造的生态链，凭借其独特的优势成为智能制造目标下新思维的代表。

小米的业务可以分为3个方面：一是硬件，包括手机、电视、路由器等；二是互联网，包括MIUI、互娱、云服务、影业、金融；三是新零售，包括小米商城、小米之家、全网电商、米家有品等。

基于上述业务，小米形成了以自身为核心，涉及投资机构、业务群体、用户及消费者的生态链，这一生态链又被称为小米模式的“放大器”。下面以小米投资机构的模式为例，分析小米的生态链是如何发展的。

截至2021年第四季度，小米投资了390多家公司，超过4 000家企业与开发者接入小米AIoT平台；实现智能家居全品类2 000种以上，智能硬件大规模产业化，拉动上下游产值上万亿元。

小米的生态链为什么如此成功？主要有以下4个原因。

（1）小米自身红利。小米作为世界级的大型知名企业，在团队、品牌热度、用户群体、电商平台、供应链、资金等方面都拥有较强的优势，可以为所投资的企业和相关利益群体提供全方位的帮助，带来利益增长。

（2）小米的合作机制。在投资之后，小米虽然深度参与运营，但不会过度干预企业的发展，主要股份留给创业团队，不追求控股，即小米投资的所有企业都是小米的兄弟企业，大家在同一平台上平等发展。

（3）小米生态链的“孵化矩阵”。对于生态链中的每一个初创企业，小米都为其提供孵化所需的资源，如产品设计、用户研究、供应链管理、品牌营销等。

（4）相同的价值观。生态链将小米与小米投资的企业联结在一起，让小米的价值观影响投资企业，最终形成相同的价值观，逐步走向小米所预期的目标。

除了生态链思维，小米还重视全球化思维。那么，小米的全球化思维是怎样的呢？毫无疑问，在海外的新兴市场中，小米的性价比成为一个关键点。

自从进入印度市场后，小米的影响力迅速扩大。两年时间，小米在印度的年收入超过 10 亿美元，始终位于印度智能手机品牌前三名。此外，小米在印度推出的智能手机销售量都在百万台以上，成为有史以来在印度市场中发货量最大的企业。

小米创始人雷军认为，小米在印度的成功除了性价比这一关键点，还有电商平台。因为小米的核心产品是智能手机，如果没有电商平台商品交易的高效率，那么小米智能手机的高品质和高性价比也就无从体现。

正是由于电商的魅力，小米才可以将传统厂商卖 2 000 元的智能手机卖到 1 000 元以内。小米刚进入印度市场的时候，依靠 Flipcard、Amazon 和小米网 3 个电商平台开展业务，迅速在印度取得了决定性的进展。

以印度为参照，小米的经验还可以复制到印度尼西亚。对此，雷军表示，小米在印度和印度尼西亚投资了近 10 家互联网企业，小米的智能手机也在印度尼西亚实现了本土生产，代工厂的年产量约为 100 万台，而且质量方面非常有保障。

随后，小米的全球化策略开始走线上和线下双行的路线。例如，在印度尼西亚、雅典、迪拜等地设立了授权店，在莫斯科建立了俄罗斯首个小米之家，在印度尼西亚建立了61家服务中心等。在全球化布局方面，小米主要采取了以下3个措施。

（1）投入增长潜力足够大的新兴市场。不管是雅典还是迪拜，作为世界知名城市，其发展潜力都非同一般。

（2）通过线上模式提高效率、降低成本，从而让产品具有极高的性价比，并以此来吸引当地用户。

（3）当市场有极大潜力且适合本土化生产时，持续投入资本进而实现本土化生产。

小米在智能制造目标下的新思维，即依靠高性价比的优质产品，铺设线上和线下双渠道，不断进行全球化拓展，为制造企业提供了借鉴，非常值得制造企业学习。

3.3 学习制造巨头的转型经验

在制造升级的过程中，一些老牌制造企业先发制人，取得了很好的成绩。企业可以积极学习它们的经验，为自己的制造转型提供助力。

3.3.1 西门子：打造先进的生产管理系统

西门子被誉为德国制造“优等生”，是德国工业4.0的先行者。从工业4.0提出之初，西门子就瞄准物联网、云计算、大数据、工业以太网等前沿技术，并在此基础上集成了目前全球最先进的生产管理系统之一。

安贝格工厂是西门子旗下位于巴伐利亚州的一个工厂，被认为是最接近工业

4.0 雏形的工厂，由德国政府、企业、大学及研究机构合力研发。安贝格工厂拥有全自动、以前沿技术为核心的先进系统，可以有效促进智能制造的实现。

相关数据显示，安贝格工厂每年可以生产约 2 000 万件 Simatic 系列产品，而且出错率只有千万分之一，相当于质量提高了几十倍。安贝格工厂中所有的流程都由 IT 系统控制和优化，以确保产品的质量和生产的效率。

安贝格工厂分为真实工厂与虚拟工厂，两种工厂同步运行。具体来说，虚拟工厂反映真实工厂生产的数据、环境等，工人再通过虚拟工厂控制和管理真实工厂。在虚拟工厂与真实工厂结合的模式下，安贝格工厂近 75%的生产作业已经实现自动化，工人与智能设备互联互通。

在整个生产过程中，只有初始环节，即工人将组件（裸电路板）放置到生产线上的环节由人工执行，此后的一切操作都由智能设备和机器负责。依靠这样的高度自动化，安贝格工厂在 24 小时内就可以对全球约 6 万名用户的产品做好交付准备。

安贝格工厂不仅生产产品，而且收集并处理大量的信息。在安贝格工厂中，超过 3 亿个元器件都有特殊的编码，编码里包含一些基础识别信息，例如，元器件出自哪条生产线、材质是什么、用什么样的螺丝钉等。当一个元器件进入烘箱时，智能设备会依据编码判断温度及时间长短，并判断下一个进入烘箱的元器件是哪一个，以便适时调整生产参数。

此外，在同一条生产线上，智能设备可以根据企业的生产需求预先设置控制程序，自动装配不同元器件。将一条生产线同时设置多个控制程序，就可以生产出各具特性的产品。对于成型的产品来说，经过上百个编码识别已经是常态。

通过控制程序，以及产品与机器的“对话”，生产信息得到了优化，生产效率得到了进一步提高。原本需要 40 个工人完成的工作，现在只需要两三个工人记录一些数据并汇总即可。在此过程中，安贝格工厂的生产执行系统每天生成并储存约 5 000 万条生产信息，工人查阅当天的生产信息，即可找出生产过程中的短板并进行深入分析，从而降低产品的缺陷率。

安贝格工厂的每条生产线上都运行着 1 000 台左右的控制器，以便通过产品代码控制整个生产过程，实现产品之间、产品与智能设备之间的互通互联，优化生产路径，提升生产效率。如今，安贝格工厂生产过程的自动化率达到了 75%，而且物流的自动化与信息的自动化、生产过程的自动化相匹配，使物流和信息流完美统一。

安贝格工厂的模块化设计缩短了为用户提供服务的周期，能更加快捷地为用户提供服务。模块化设计是实现灵活组织生产的重要保证，包含产品设计、生产设备、信息化软件系统的模块化设计及标准化设计。

虽然高度的数字化和自动化能大大提升生产效率，但工人依然不可或缺。在安贝格工厂中，每条生产线上仍然有 6～8 名操作工人，他们负责确定物料、维护设备、产品检验、例行巡查等工作。

德国实现工业 4.0 的重要因素包括数字化、自动化、模块化的前沿技术，以及持续的产品迭代能力、不断转型升级等。安贝格工厂坚持推进数字化与自动化装备的高度结合，致力于提高生产效率、改善产品质量，这为中国制造企业的转型升级提供了良好的参考与借鉴。

3.3.2 博世：以提高效率为宗旨

作为全球第一大汽车技术供应商，博世以尖端的产品和系统解决方案举世闻名。洪堡工厂是博世旗下的智能工厂，与安贝格工厂一样，都是德国智能制造的典型案例。智能工厂可以提高生产效率，解放生产力。德国工业 4.0 的宣传册对智能工厂的形成做出了解释：以云计算为基础，建立大数据模型，并结合物联网。智能工厂的形成如图 3-3 所示。

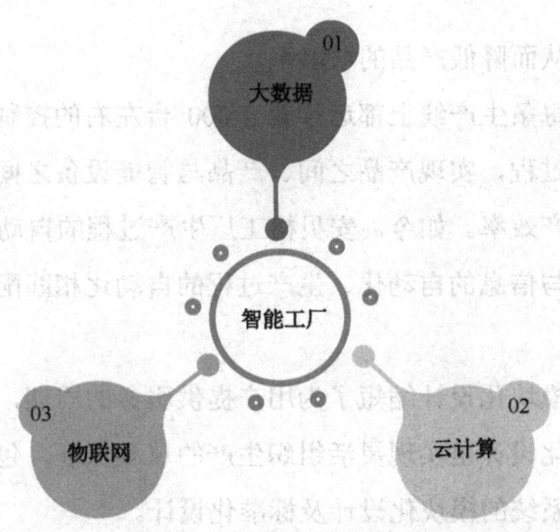

图 3-3　智能工厂的形成

博世的洪堡工厂位于阿尔卑斯山脚下一个名为布莱夏赫的小镇里，以生产汽车刹车系统零件和汽车燃油供给系统零件为主。洪堡工厂并不是简单地用机器代替人工，而是实现生产的智能化、信息化、自动化，以及生产过程的透明化。

洪堡工厂的生产线非常特殊，上面都安装了射频码，以便给每个产品贴上智能“身份证”，实现机器与机器的“对话”，让不同环节生产的零件无缝对接。每经过一个环节，读卡器会自动读出相关信息，并反馈到控制中心进行处理，从而实现自动化，提高生产效率。

洪堡工厂从 4 个方面实现工业 4.0：智能化原材料输送、国际生产网络系统、流水线自动跟踪系统、高效设备管理系统。

1. 智能化原材料输送

洪堡工厂的原材料输送系统已经实现高度智能化，信息登记、下达订单、订单确认和订单追踪等都可以通过射频识别自动进行。工人会把记录着相关信息的“看板条”夹到一个塑料夹里，然后再将其贴在盒子上，而塑料夹底部有一个射频识别码，即产品的“身份证”。之后，机器通过识别这些“身份证”就可以知道下一步的具体操作，最终完成生产。

射频识别码投入使用后，洪堡工厂实现了生产过程可视化、生产原材料节约化，库存减少了 30%，生产效率提高了 10%，节约的资金高达几千万欧元。

2. 国际生产网络系统

在洪堡工厂中，国际生产网络系统最能体现大数据和互联网在生产中的结合。通过这一系统，博世在全球的 20 条生产线得到了有效管理。与此同时，国际生产网络系统会根据订单量的多少来安排工作进度，一旦出现问题，负责管理的技术人员能及时发现并解决。

3. 流水线自动跟踪系统

洪堡工厂的生产线上设有流水线自动跟踪系统，一旦生产线出现故障，该系统会及时把故障情况和原因反馈给总系统，总系统发送修正指令，生产线上的机器自动修正故障。如果故障超过总系统的修正能力范围，流水线自动跟踪系统就会将其反馈给技术人员，由技术人员负责修正。

4. 高效设备管理系统

在洪堡工厂中，高效设备管理系统可以实现生产设备的维修和管理。例如，生产汽车燃油供给系统零件的原材料是高强度塑料，生产需要极端高温，因此生产设备经常出现严重损伤，为了保证生产质量和生产效率，必须经常维护和更换。

为了进一步延长生产设备的寿命，最有效地使用生产设备，洪堡工厂给每一个生产设备都安装了射频识别码，利用生产执行系统储存和显示每一个生产设备的信息。这些信息能动态监督生产设备的运作情况、寿命、维护保养时间等参数，以便技术人员及时保养和更换设备，不影响生产过程，获得最大的经济效益。

博世整合了来自洪堡工厂的海量数据，对洪堡工厂进行全局性的生产管理，以及生产设备的性能预测。不仅如此，博世还在合适的时间执行相应的维护任务，这不仅节省了一大笔运营成本，而且提高了生产效率。

3.3.3 海尔：把用户放在核心位置

在智能制造方面，海尔一直是引领者，始终处于制造业的龙头位置，其旗下的互联工厂是极具代表性的智能工厂。从建立之初，海尔互联工厂的宗旨就是“以用户为中心”，致力于满足用户需求，提升用户体验，实现产品的迭代升级。

在该宗旨的指引下，海尔互联工厂尽力满足用户需求，关注产品的价值。例如，通过可定制的方案、可视化的流程与高效的生产，为用户提供个性化、多元化的消费体验。此外，借助模块化技术，海尔互联工厂的生产效率提高了 20%，产品开发周期缩短了 20%。这样的良性循环提升了库存周转率及能源利用率。

人工智能如何改变海尔互联工厂的生产？具体体现在以下 4 个方面。

（1）模块化生产为海尔互联工厂的智能制造奠定了基础。原本需要 300 多个零件的冰箱，借助模块化技术，只需要 23 个模块就能轻松生产。

（2）海尔借助前沿技术进行自动化、批量化、柔性化生产。

（3）通过三网（物联网、互联网和物联网）融合技术，在工业生产中实现人人互联、机机互联、人机互联和机物互联。

（4）智能化体现在两个方面：产品智能和工厂智能。产品智能就是借助自然语言处理（Natural Language Processing，NLP）技术，使海尔的智能冰箱能“听懂”用户的语言，并执行相关操作。工厂智能是指借助各项 AI 技术，通过机器完成不同类型及数量的订单，同时根据具体情况的变化，进行生产方式的自动调整优化。

海尔互联工厂把用户放在核心位置，能满足用户的个性化需求，充分实现产品的效益，获得丰厚的盈利。

3.3.4 菜鸟网络：变身物流“高端玩家”

在 AI 不断升级的情况下，菜鸟网络打造出我国最大的“机器人仓库”，此后，

AI被再一次推到了风口浪尖。那么，菜鸟网络的“机器人仓库”究竟智能到什么程度呢？

普通的“机器人仓库”可能只有几十个搬运机器人，但菜鸟网络的“机器人仓库”拥有的机器人数量已经达到数百个。更重要的是，这些机器人不仅能够独立运行，而且各自之间可以协同。

目前，在菜鸟网络的“机器人仓库”中，数百个机器人可以独立执行不同订单的拣货任务，也可以合作执行同一订单的拣货任务。不仅如此，这些机器人还可以在保证秩序的前提下相互识别，并根据任务的紧急程度做到相互礼让。

从理论上来说，几十台和上百台机器人一起工作的难度是不一样的，机器人的数量越多，分配任务的难度越大。在这种情况下，菜鸟网络就必须科学合理地将每个任务分配给相应的机器人，从而使任务完成效率大幅度提升，与此同时，还要尽可能防止不同机器人之间发生碰撞、干扰。

“机器人仓库”中的机器人接到任务后，会在第一时间移动到与订单产品相对应的货架下，接着再把货架顶起，拉到拣货人员面前。每一台机器人都可以顶起250千克的重量，并能灵活旋转，将货架的4个面都移动到拣货人员面前。

在“机器人仓库”中，无论是货架的位置，还是机器人的调配，都要以订单为基础。这样不仅可以保证任务完成效率最高，还可以在一定程度上避免拥堵现象发生。

除了“机器人仓库”，菜鸟网络还发布了一项“未来绿色智慧物流汽车计划”。该计划的目标是打造100万辆搭载“菜鸟智慧大脑”的新能源物流汽车。因为新能源物流汽车搭载了“菜鸟智慧大脑”，所以系统会在订单动态的基础上，为配送人员提供一条最优线路。与此同时，系统还会根据道路情景对界面进行调整，并与配送人员进行语音交互，从而实现真正意义上的智慧配送。

菜鸟网络曾向一家名为快仓的智能仓储设备企业投入一笔巨额资金。快仓致力于设计和研发可移动货架、拣货工作站、补货工作站、移动机器人等。相关专家认为，快仓与菜鸟网络达成合作后，“机器人仓库”将会进入一个新的阶段。

当然，不只是菜鸟网络，还有一些企业希望可以引进更多的机器人。对此，牛津大学曾做过一项研究调查，结果显示，未来，近 50%的低技术工作将会由机器或者机器人完成，这对于制造业来说既是机遇也是挑战。

应用篇

智能制造落地场景

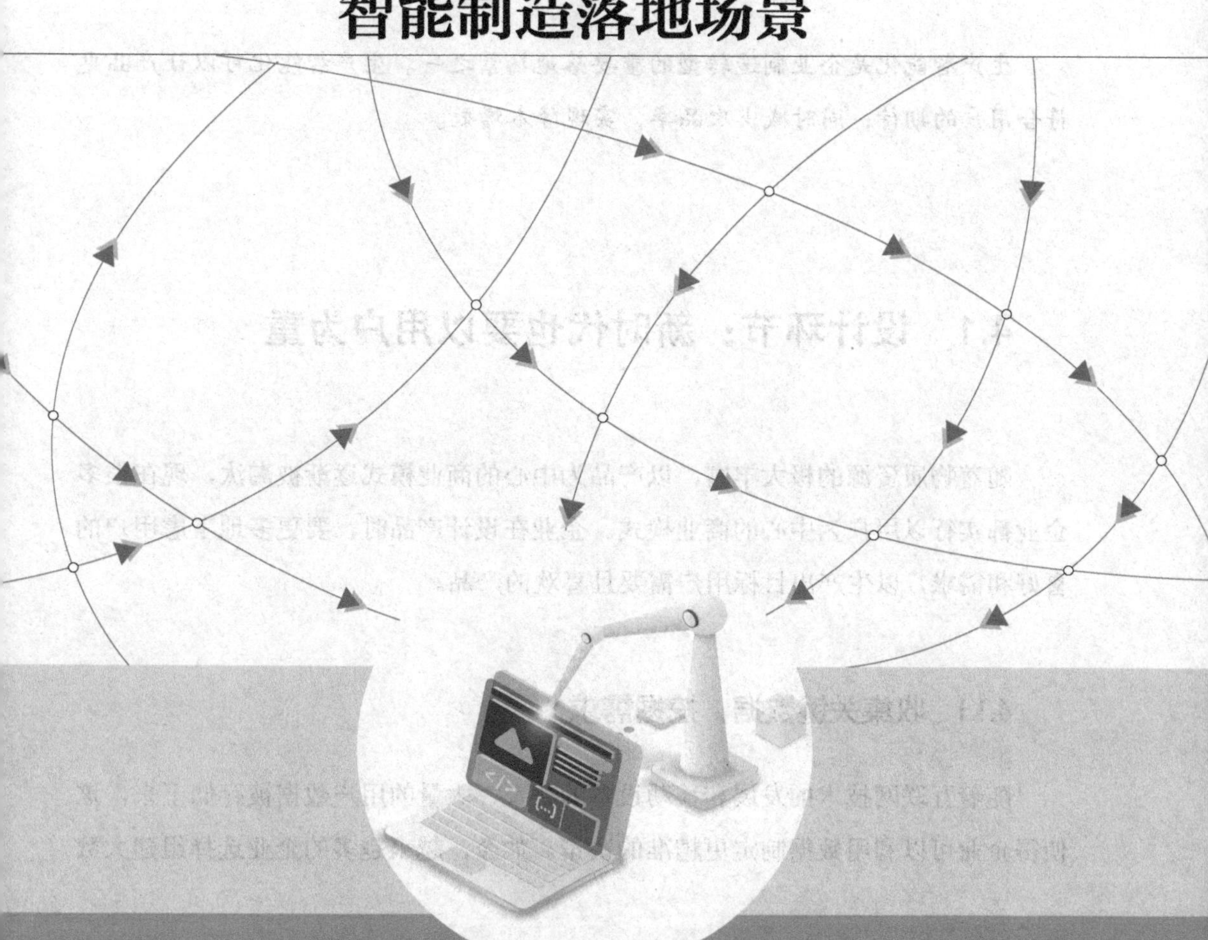

第4章

生产智能化：打造高质量产品

生产智能化是企业制造转型的重要落地场景之一。生产智能化可以让产品更符合用户的期待，同时减少次品率，实现降本增效。

4.1　设计环节：新时代也要以用户为重

随着物质资源的极大丰富，以产品为中心的商业模式逐渐被淘汰，现在很多企业都实行以用户为中心的商业模式。企业在设计产品时，要更多地考虑用户的喜好和需求，以生产出目标用户需要且喜欢的产品。

4.1.1　收集关键数据，挖掘需求

随着互联网技术的发展和移动设备的普及，大量的用户数据被存储下来，这使得企业可以利用数据制定更精准的决策。如今，越来越多的企业选择组建大数

据团队收集用户的行为数据，并将收集到的数据作为制定战略决策的依据，寻找产品创新的途径。

数据收集是实现数据驱动决策最重要的步骤。企业通过客户端、产品端收集、积累大量数据，数据经过分析之后就成为信息，信息经过处理转化后就成为知识。这些知识可以帮助企业改进产品设计，让产品更贴合用户需求。

企业可以通过外部渠道和内部渠道来挖掘用户需求，如图4-1所示。

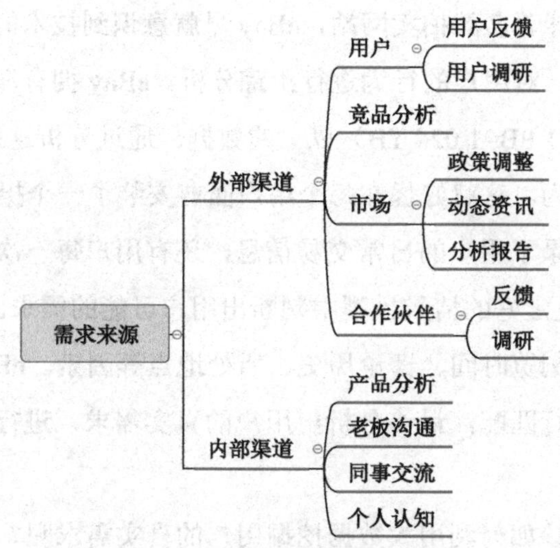

图4-1　挖掘用户需求的渠道

数据收集的重点在于发散，企业要尽可能多地获取需求信息，做好需求记录，以便从中发现新机会，找到具备增长势能的发展空间。

4.1.2　用技术说话，做用户喜欢的设计

企业挖掘用户“心思”的基本方法是用技术说话，通过技术，如大数据、人工智能等，可以落实“以用户需求为核心”的战略，即用户需要什么产品企业就提供什么产品。这一点说起来很容易，但真正做起来并做到非常困难。

很多企业的破产、倒闭都可以归因于远离了用户。过去，企业会通过市场调研、与用户交流沟通、发放调查问卷等方式洞察用户需求。随着技术的发展，越来越多的企业转而使用大数据洞察并分析用户的真实需求，大数据分析可以广泛地应用于制造业，更准确地获取用户需求，适时进行产品推送、增加用户关怀、控制商家风险，更好地创造市场商机。

随着用户需求的变化，市场竞争更加激烈，企业很难再通过产品对市场进行有效预测。作为全球著名的拍卖网站，eBay 早就意识到技术的重要性，因此搭建了大数据分析平台，对用户的行为进行跟踪分析。eBay 拥有海量的用户数据，每天要处理 100 PB（1 PB=1 024 TB）以上的数据。通过分析这些数据，eBay 能够判断用户的购物行为，这就好像在每个用户面前安装了一个摄像头。

数据中不仅记录了用户的日常交易信息，还有用户每一次浏览的整个过程，因此 eBay 能够从设定好的情景模型中判断出用户可能的需求。除此之外，数据还能区别用户年龄、浏览时间、评论历史、所处地点等因素。eBay 基于这些因素，通过大数据模型进行匹配，最终分析出用户的真实需求，进行有针对性的产品设计、更新和运营。

那么，企业应该如何利用大数据挖掘用户的真实需求呢？

（1）挖掘用户的真实需求的关键在于知道“用户缺什么”。需求的产生是因为用户在某方面有所缺乏，所以才会有需要，而产品就是为了填补用户需求没被满足的空白。

技术的发展让用户成为移动的终端数据传感器，毫不夸张地说，用户每分每秒都在产生数据。在这种情况下，用户的任何动作，包括购买了什么饮品、在哪里吃了什么东西，甚至原材料来自哪里，都有可能被挖掘和分析出来，这些在产品设计过程中有着关键作用。

全球第二大食品企业卡夫通过大数据分析工具获取了 10 亿条社交网站的帖子、50 万条用户在论坛中讨论的内容，最后发现大家最关心的既不是食品的口味，也不是包装，而是食品的各种吃法。在此基础上，卡夫总结出用户购买食品的 3

个关注点：健康、素食主义和安全。同时，卡夫发现孕妇对叶酸有着特殊需求。针对这些信息，卡夫调整了食品的配方，打开了孕妇消费者的市场，销售额大幅增加，甚至打破了历史纪录。

（2）通过大数据预测用户行为，挖掘用户的真实需求。人们所做的各种预测，包括投资分析、球赛结果预测、奥斯卡奖项预测都建立在对过去数据的统计分析基础上。如今，数据的存储越来越容易，储存量与储存时间都在不断增长，预测用户的下一步行为变得更加简单。

企业需要做的就是站在用户的角度发现问题，用心倾听用户内心的声音并分析其核心需求，解决用户痛点。这样生产出来的产品对用户一定是有价值的，产品能够给用户带来惊喜，让用户感到满意。

4.1.3 优化设计流程，制定相关标准

设计要规范化，具体包括目标的技术描述、功能的技术描述、指标的技术描述，以及限制条件的技术描述，主要涉及用户体验、品牌、视觉等方面。设计规范一般分为 3 个层次：一是企业级别的设计规范；二是某一类产品的设计规范；三是某个具体产品的设计规范。

下面以宜家为例对设计规范进行说明。每到一个地方开店，宜家会先对当地的文化、习俗、经济水平、消费者的消费习惯等进行全方位的了解和分析，从而更好地进行市场细分、市场定位，针对不同消费者人群制定不同的营销方案。通过对我国市场以及消费者进行分析，宜家发现很多消费者都存在睡眠质量不好的问题，在此基础上，宜家主打改善睡眠质量这一理念，推出一系列床上用品。

随着城市人口增加、人均居住面积减少，以及新技术不断出现并发展，消费者对家具的需求不再是只追求单一的功能，而是希望家具更智能化、多样化，例如，小会议桌通过推拉能变成大会议桌，床能变成沙发等。这样的设计既能满足消费者对家具原有功能的需求，又能满足消费者对节省空间的需求。

在宜家的所有商场中，每一件产品的陈列和搭配都建立在强大的数据分析基础之上，并且消费者的每一个动作都会被各种设备清楚记录下来，作为规范产品设计与提高销量的依据。从样板间到单品区，从风格各异的产品摆放到极具诱惑力的定价，从标准化的家具样式到个性化定制，宜家在大数据的帮助下，以消费者为中心，改变原有的设计规范，设计出侧重点不同的产品，全方位满足消费者的需求，使消费者快速找到心仪的产品。

那么，大数据是如何实现产品设计规范化的呢？

1. 通过大数据，设计者能找到产品的核心用户，调整设计规范

之前，企业会根据市场调查的结论或者以往的相关记录，直接将某一类人群作为目标用户进行产品设计；现在，企业可以通过大数据，在理性思考的基础上精准找到产品的目标用户，然后再对目标用户进行分析，确定设计规范。

以杯子为例，经过长时间的发展，杯子的市场已经基本饱和，无论是外观还是原材料，都有相似的指标与规范。但随着时代的发展以及 90 后、00 后用户个性化需求的旺盛，企业也要对杯子的设计进行优化和调整。

2. 用大数据建立模型

企业在设计产品时一般都会想象产品最终呈现出来的模样，而理性的大数据能给予企业一些设计规范，打破这种感性想象，使感性与理性共存。另外，很多企业追求设计的“完美”，但实际上，产品不能实现与消费者实际需要的完美适配，也不一定能满足所有用户的需求。

因此，企业要结合真实的数据设计产品，直面现实问题，通过技术设置设计规范，建立合理的产品模型，并不断进行调整，最终适配大部分用户与市场的要求。

对于企业来说，利用大数据建立产品模型的第一步是数据采集。除了要采集用户的所有数据，如性别、地域、职业、消费等级、网页浏览行为、购买行为等，还要采集竞品的相关数据，如价格、回购率、好评率、使用感受等。

第二步是数据分析，即根据不同的指标给用户打上标签和指数。标签代表用户对产品有兴趣、偏好、需求等，指数代表用户的兴趣程度、需求程度、购买概率等。企业既可以购买深度定制化的市场数据，也可以选择与第三方企业合作。

第三步是基于数据建立预测模型，预测市场销量、用户反馈以及可能出现的问题，设置设计规范。

随着时代的不断发展，大数据已经成为提升设计精准度的重要工具。该项技术不仅可以为企业提供符合用户需求的设计规范，还会影响产品的销售和市场的运营。

4.2 制造环节：掌握生产“新玩法”

随着各种高新技术被引入工厂，产品制造环节也出现了很多新玩法，例如智能传感器、3D 打印、360° 监控预警、机器人员工等。这些新玩法帮助企业降低了人工成本，让整个制造环节变得更有效率。

4.2.1 技术与生产相结合，效率不断提升

在智能制造中，自动化生产也是一个很重要的课题，它不仅可以减轻工人的压力，还可以提高生产效率，保证产品质量。对于自动化生产的实现，5G、云计算、大数据、人工智能等技术发挥了不可忽视的作用。

以 5G 为例，该技术在智能制造中的应用明显体现在自动化控制方面，倒立摆是其中一个极具代表性的案例。倒立摆的应用虽然较为复杂，但是物理原理比较简单，即以一个支点支撑起物体，让物体保持一种平衡的状态，基本示

意如图 4-2 所示。

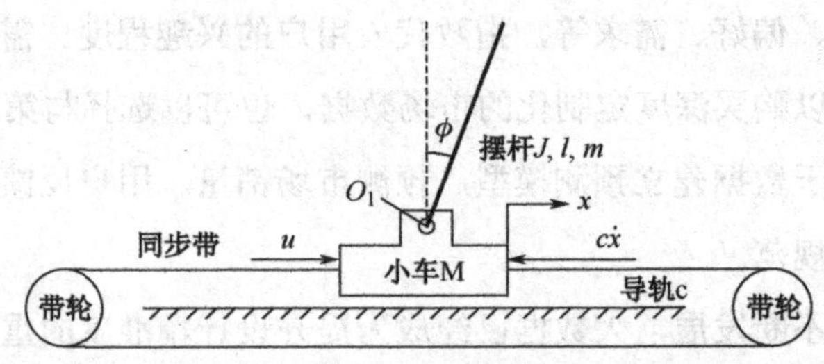

图 4-2 倒立摆示意图

倒立摆是一种基本的物理设备，通常包括一个圆柱形柱子（摆杆）和摆杆下方的支点，因为支点固定在移动的小车上，所以受小车影响，摆杆始终有向下落的趋势，保持不稳定的平衡状态。倒立摆根据摆杆数量不同，可分为一、二、三级，级数越多想要维持稳定越困难。

倒立摆原理通常应用于机器人不同姿态的控制、航天飞船对接，以及制造应用等方面。实验结果表明，倒立摆在 4G 网络下运行时，由于 4G 的时延过长，其接受系统指令后执行延迟，从振荡到保持稳定的时间过长，达到 13 秒。然而，倒立摆在 5G 网络下运行时，由于 5G 的时延低于 1 毫秒，因此能够快速对指令做出反应，从振荡到保持平稳只需 4 秒。

由此可见，5G 低时延的特点能够在制造业的自动控制方面发挥巨大作用，进一步提高智能设备运行的效率和精准度。在实际应用中，自动化控制主要应用于工厂的基础设施建设，其核心是闭环控制系统。该系统主要通过传感器将信息传输到设备的执行器。

在闭环控制系统中，控制周期通常以毫秒为单位计算，所以通信工具的时延也要达到甚至低于毫秒级才能保证对智能设备的精准控制。不仅如此，闭环控制系统对智能设备的精准度要求较高，因为时延过长会导致信息传输失败，甚至停机，给企业带来重大损失。

大规模的自动化控制生产环节需要对控制器、传感器等智能设备进行无线连接传输，这也是智能制造应用系统中的重要内容。闭环控制系统对传感器控制数量、控制周期的时延和带宽都有不同要求，相关应用场景的典型数值如表 4-1 所示。

表 4-1 闭环控制系统相关应用场景的典型数值

应用场景	传感器数量	数据包大小	闭环控制周期
打印控制	>100	20 byte	<3 毫秒
机械臂动作控制	～20	50 byte	<5 毫秒
打包控制	～50	40 byte	<3 毫秒

由此可见，闭环控制系统对于传感器数量、数据包大小和闭环控制周期的要求各不相同。从制造业的角度来看，智能制造在推动工厂的无线自动化控制上有以下 3 点优势。

1. 实现个性化生产

个性化生产逐渐引领当今消费潮流，其核心是满足用户对定制产品的需求。未来，柔性制造将成为企业的发展方向。柔性制造是一种自动化的生产模式，在较少人工干预的情况下，可以生产更多种类的产品，突破生产范围。当然，这对技术的要求也更高。

2. 工厂维护模式升级

大型生产任务通常需要跨地区维护和远程指导等。5G 能有效加快工厂的生产进度，降低成本。在未来的工厂中，每一个工人和工业机器人都会拥有自己的 IP 终端，工人和工业机器人之间可以进行信息交互。当设备发生故障时，工业机器人可以自行修复，遇到疑难故障再通知专业技术人员修复，保证了工作效率。

3. 实现机器人管理

在 5G 覆盖工厂后，工业机器人将参与管理工作，例如，通过对统计数据的精准计算，完成生产决策和任务调配工作。工业机器人将成为工人的助手，协助工人完成高难度、易出错的工作。

自动化控制工厂无论在个性化生产、模式优化升级，还是机器人管理方面，都有明显优势，不仅能有效降低运营成本，还能优化运营效果。而 5G 以及其他相关技术则将这种优势激发到极致，推动智能制造的发展。

4.2.2 3D/4D 打印迅猛发展，生产更便捷

3D 打印时代即将到来，全球 3D 打印市场蓬勃发展，规模不断扩大。许多国家都在 3D 打印方面投入扶持资金，同时力度还在不断加大，这促使 3D 打印技术不断迭代，实现更好的发展。3D 打印机企业 Genkei 与一所大学的学生联合打造了一台巨型 3D 打印机——Magna。Magna 主要被用于打印大型建筑组件、整体家具，以及小型 3D 打印机无法打印出来的产品。

Magna 采用大型铝合金框架和激光切割的不锈钢板，以减小振动电机对质量的影响，最高可达 5 米，最大打印尺寸为直径 1.4 米、高 3 米。根据试验可以知道，这款 3D 打印机十分灵活，打印出来的产品也很精致。

许多人对 3D 打印很好奇，接下来拆解 3D 打印机的设计原理，如图 4-3 所示。

1 原理一：通过扫描物体建立打印模型　　2 原理二：分层加工

图 4-3 3D 打印机的设计原理

原理一：通过扫描物体建立打印模型

如果我们想要打印自己的人像，那就需要通过扫描，把我们的身体数据输入计算机中。这和二维扫描仪类似，但是设计难度有很大差别。3D 打印机由控制组件、机械组件、打印头、耗材和介质等部分组成，在打印前我们需要在电脑上设计一个完整的三维立体模型，然后再打印输出。

原理二：分层加工

三维立体模型建立起来后，3D 打印机会在需要成型的区域喷洒一层特殊胶

水，胶水液滴很小，且不易扩散，然后喷洒一层均匀的粉末，粉末遇到胶水会迅速固化黏结，而没有胶水的区域仍保持松散状态。这样在一层胶水一层粉末的交替下，实体模型将会被“打印”成型，打印完毕后只要扫除松散的粉末即可“刨”出模型，而剩余粉末还可循环利用。最终需要打印的 3D 产品在一步步分层加工中成型。

3D 打印在现实中已经有很多应用实例。例如，在一次实验中，一位日本外科医生拿着柔软湿润的一片“肺叶”，“肺叶”上有“血管”和“肿瘤”。当他切割这片“肺叶”上的“肿瘤”时，血液从切口上慢慢流出。这个被切割的“肺叶”其实是用 3D 打印机打印出来的。

Fasotec 是一家致力于 3D 打印技术的企业，可以打印出肺等仿真人体器官，在实验用的尸体紧缺的情况下，对于实习医生来说，这是一个很好的替代品，可以使其更快捷、扎实地掌握实习内容。

这种替代品有一个专有的名字，即“生物质地湿模型”。在 3D 打印技术出现之前，学校或医院提供给医生实习的器官模型过于简单，根本无法完全模拟手术中人体器官的真实反应。3D 打印则能够细致入微地扫描一个真实器官，打印出栩栩如生的器官模型。

在打印出“肺”的外壳后，“肺”里还会被注入凝胶型合成树脂，给予医生一种湿润且真实的触感。每一片“肺”在重量和纹理上都严格遵循真实器官的模样，以便医生在用手术刀切割的时候能获得最有效、拟真的手术训练效果。

Fasotec 的创始人表示，这种打印出来的器官，除了能让医生感受到器官的柔软度外，还能让他们看见器官流血时的情况。使用过这类模型的一位医生表示，模型太真实了，如果不仔细分辨，很容易认为模型是真的。

一位医学博士认为，尽管目前用于移植的 3D 打印器官方兴未艾，还处在很不成熟的阶段，但 3D 打印为医学提供了无限的可能性，有朝一日可能会用于器官移植。国外一家医院利用 3D 打印机和基因工程学技术，成功开发出了能在短时间内批量生产可移植给人体的皮肤、骨骼和关节等的技术。

未来 5 年，更多资金将会被注入 3D 打印行业，更多科研组织将会出现，以开发使用 3D 打印机打印可以移植的人体组织和器官的技术。通过学术界、高等院校、政府、企业的联合，一些国家逐渐实现了 3D 打印在医疗、工业设计、建筑、工程和施工、航空航天、汽车制造等领域的应用。3D 打印是智能制造时代的产物，不断升级的技术能让 3D 打印实现最终的飞跃。

4.2.3 实时监控，生产也能精益求精

精益化生产的关键在于监控，这里所说的监控是实时且不停歇的。智能工厂的监控主要有以下几个作用，能使生产精益求精，如图 4-4 所示。

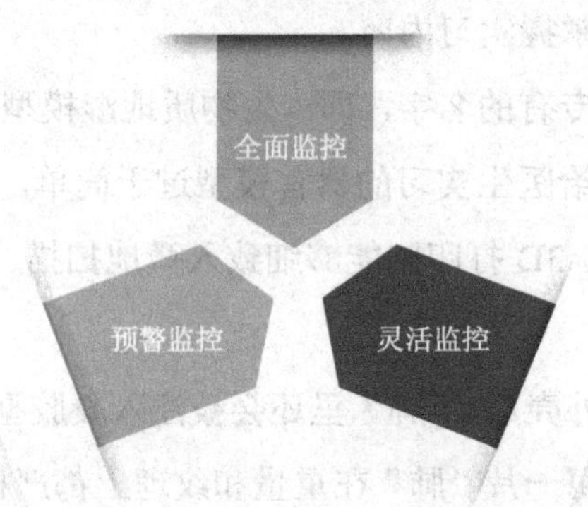

图 4-4 智能工厂的监控作用

1. 全面监控

智能工厂中各个环节相互配合才能实现效率、效益最大化。智能型的实时监控可以实现对智能工厂生产运转情况的全方位呈现，实现生产过程的一体化、精细化、可视化、数字化管理。全面监控可以集成工厂内的设备、系统，通过模型与数据反馈设备的运行状态，及时发现问题、解决问题。

2. 预警监控

在传统生产过程中，往往是问题出现后企业才去处理。而预警监控能够实现预警功能，一旦预测到可能出现的错误，就在事情发生之前去处理。

3. 灵活监控

智能生产的要求非常复杂，监控也是处在动态变化中的，灵活监控才能适应实际变化。

传统监控存在一些弊端，例如，监控设备之间相对独立，很难及时准确获得任务信息，出现故障、物料短缺等问题时不能及时反馈，维护人员管理成本高。但在智能工厂里，灵活监控可以依靠嵌入式视频服务器，对画面中的人或物进行识别、判断和处理，从而实现对特定的人或物进行监控预警。

企业在产品生产和运转中充分利用信息化技术，通过先进的监控手段对生产、运转过程进行多维度管理，这样即使部分环节出现问题也可以立即处理而不是全面关停设备，既能保证员工工作效率，又不耽误生产，一举两得。

4.2.4 机器人上岗，承担产品检测工作

为了加强生产管理，实现产品优化，智能工厂里的产品检测需要实现 360° 无死角，而目前能达到这一要求的就是直角坐标机器人。直角坐标机器人是一种以数学中的 *XYZ* 直角坐标系为模型的操作机，其以控制器为核心，特点是灵活度高、自由度高、多功能、多用途、高效率。

在所有机器人中，直角坐标机器人是比较简单的一种，因成本低、可长期使用等优势而被广泛用于各种工业生产环节，如搬运、印刷、上下料等。相关数据显示，在我国工业机器人市场中，直角坐标机器人的占比高达 40%。

在工业应用方面，直角坐标机器人可以对产品进行 360° 无死角、无损伤性检测。某些产品对检测的要求非常高，如航空航天产品，直角坐标机器人可以配合超声波扫描仪，对产品进行从上到下、从内到外 360° 无损探伤检测，而且扫

描密度均匀、精密。

另外，在视觉检测方面，直角坐标机器人同样具有出色表现。具体来说，直角坐标机器人可以作为辅助设备，成为自动化检测的一部分，充分提升检测的精确度。

4.3 优化环节：让产品更上一层楼

为了生产出更受用户欢迎的产品，企业需要采取一定措施优化现有的生产环节，如定制化生产、让用户参与生产、加强产品质量管理等。不断对生产环节进行优化迭代，可以让产品紧跟市场发展潮流，生命周期更长。

4.3.1 根据用户的不同喜好进行定制化生产

智能产品的一个关键要素是定制化。顾名思义，定制化是指有针对性地为用户提供极具个性的产品。无论企业生产什么类型的产品，要想在智能制造时代获得成功，都要先思考这样一个问题：用户是否觉得产品有用？如果只是企业觉得产品好，用户不喜欢、不买单，那么企业的生产活动只是浪费时间、精力和金钱。

很多人说技术的出现是颠覆性的，不仅颠覆了传统的零售业、金融业，甚至餐饮、出行、休闲娱乐等板块也被技术占据。技术之所以能呈现出如此强大的颠覆能力，正是因为它不断融入传统行业中，并对其进行改造。

企业圈定了自己的目标用户，进行有效的关联性分析，就能够根据用户需求进行产品的定制。只有这样，企业将产品推送到目标用户面前时，用户才会产生“瞌睡遇着枕头”的感觉，这种“懂我”的舒心体验会让用户产生强烈的购买冲动。

那么，企业为什么要为用户提供定制化的产品或服务呢？原因有以下两个，如图 4-5 所示。

图 4-5　为用户提供定制化产品或服务的原因

1. 避免同质化竞争

目前大部分行业中的产品都已趋饱和，消费市场由“卖方市场”进入“买方市场”，用户早已习惯了货比三家的消费模式。经济的发展对企业创新能力大幅度增长的作用微乎其微，更多的是导致市场上出现了大量的同质化产品。

以手机为例，苹果开启了“刘海屏”与竖置双摄像的时代，这种造型即便被用户“吐槽”，但众多知名国产手机品牌，如华为、OPPO、VIVO 依然愿意模仿。就造型而言，目前市面上的手机基本都差不多，很少有独特之处，这大大加剧了同质化竞争。

在智能制造时代，信息变得更加透明，传播也更加迅速、广泛。随着电商平台的蓬勃发展，用户在购物时已经不是“货比三家”，而是“货比三百家、三千家”。因此，企业必须思考自身的情况，明确自己是否陷入了同质化竞争。如果企业已经陷入同质化竞争中，最明智的选择就是创新，根据用户的不同喜好生产个性化的产品供用户选择。

2. 提升用户黏性

用户之所以是“上帝”，是因为用户能够为企业带来收入和利润，但用户并不一定只需要某家企业的产品来满足自己的需求。因此，企业不能只注重产品的定制化，还应该关注自己所提供的服务。

产品的定制化以及个性化营销能够帮助企业快速将自己的产品推送到用户面前，大多数企业都熟知这一道理。当众多企业都采取定制化生产的策略时，所产生的竞争优势就不是很明显了，所以企业要从服务着手。

在技术当道的时代，仅从用户的物质需求出发进行定制化生产虽然能够使企业获得一定的竞争优势，但这种优势不够持久，且不具有唯一性。但良好的服务并不是每个企业都能提供的，例如海底捞，它之所以能够迅速从众多火锅品牌中脱颖而出，是因为其为用户提供了在别处无法获取到的服务。

虽然海底捞有很多跟风者，但成功者很少。其一是因为海底捞的服务文化经过长时间的积累才形成，不是能迅速学会并形成体系的；其二是因为当用户体验了海底捞的服务之后，就会对品牌产生黏性，感觉其他的火锅品牌都无法与之比拟。

用户对于服务的需求是不同的，有人需要快速、高效的服务，有人需要真诚、温馨的服务，还有人需要的是关怀备至、体贴入微的服务。对于不同的用户，企业需要运用大数据挖掘并满足其个性化需求，并不断提升其黏性，培养其忠诚度。

4.3.2 用户参与生产，信息随时共享

海尔过去使用“大规模制造”模式抢占市场。我们去商场购物或浏览购物网站时，总会发现大量的海尔的产品，如冰箱、空调、洗衣机、热水器、冷柜等。这些产品是批量生产出来的，所有的产品都是同一规格。

现在，海尔使用的是“大规模定制”模式，生产线上的每一件产品都对应着唯一的一个用户。为此，海尔建立了自己的计算机系统，充分满足工厂与用户的互动需求，例如，面向普通用户定制的众创汇、面向研发资源的开放创新平台、面向模块商的海达源，这些网站互相独立，但信息是共享的，登录后可以随时查看。

海尔的第一个互联工厂是沈阳冰箱工厂，由 60 多个机器人、1 200 多个传感

器、485 个芯片组成。这个小规模的工厂可以在生产 3 000 台左右的定制订单情况下不亏损，因为传统的生产线都设置最小生产规模，一旦生产数量过少，就导致大量的人力、物力成本浪费。显然，在这一点上沈阳冰箱工厂拥有很大的优势。

为了实现大规模定制生产，沈阳冰箱工厂将 100 多米的传统生产线改装成 4 条 18 米长的智能化生产线。这一改进可以使 1 条生产线实现超过 500 个型号的产品的大规模生产，以满足用户的需求。用户可以按照自己的偏好和需求定制冰箱的款式、颜色、性能、结构等。

此外，用户通过手机 App 可以实时了解自己定制的产品的状态，实现产品生产可视化。例如，用户可以随时查看自己的产品在生产线上的位置、处于哪一个生产工序、是否进行包装、预计什么时候出厂等。

海尔具有巨大的规模优势，佛山海尔滚筒工厂、郑州海尔空调工厂、胶南海尔热水器工厂相继建成并投入使用。对于海尔如此迅速的布局，海尔家电产业副总裁曾表示，海尔早在 2012 年就潜心于互联工厂的实践，开始打造“按需设计、按需制造、按需配送”的体系，以实现从大规模制造向个性化定制的转型。

根据这一目标，海尔从以工厂为主的平台转变为以用户为主的平台，通过个性化、可视化设计连接用户，为用户提供最极致的体验。此外，海尔还对管理层进行了解构，将原来 8 万名中层管理人员变为 2 000 个自主经营体。对于这一改变，海尔创始人张瑞敏说：“我们希望变成一个生态系统，比方说每个员工都在创业，他就好像是一棵树，很多很多树就变成了森林。这个森林里头，可能今天有生的，明天有死的，总体上来看，这个森林是生生不息的。”

海尔的这种模式属于小微企业模式，使每个小的自主经营体都有足够的权利，当然也负有一定的义务。管理层的剥离使海尔员工间不再是领导与下属的关系，而是合作伙伴。如今，海尔只有 3 种人：平台主、小微主、创客。

对于创客，海尔旗下有一个名为“雷神”的小微科技企业，由 3 位年轻的 85 后组建而成。其中，这 3 位年轻的 85 后持股 25%，海尔控股 75%。相关数据显示，这家小微科技企业以其出色的创意为海尔贡献了近 10 亿元的收益。

由此看来，海尔在谋划一个更大的局——孵化平台。这种开放性平台吸引了大批创客加入，一些创客有很好的创业项目，通过提供资源、引入风投等方式，很快展现出巨大的市场爆发力。海尔的孵化平台共吸引了平台主、小微主和创客6万多人，像“雷神”一样的小微科技企业达200多个，已诞生470个项目，汇聚了1 322家风投机构。

传统的企业多为链条式紧密结构，一旦一个连接断裂，整个链条都会受到影响。而海尔的模式是松散有序的联合体，即使一个个体脱离或“死”掉，并不影响其他个体的生存。对于海尔来说，这既是一场鞭策，又是转型升级的绝佳机遇。

4.3.3 加强产品质量管理，严格监控

所有用户都喜欢高质量的产品，因此企业应在产品质量提升方面下功夫。在智能制造时代，利用先进技术做好产品生产监控和预测是保证产品质量的有效方法，企业可以从以下5个方面入手，加强产品质量管理。

（1）物料质量监控，即主动分析物料的情况，及早预警；

（2）设备异常监控与预测，一旦设备出现问题，企业可以及时执行解决方案；

（3）零件生命周期预测，在需要更换零件时进行预警，保证生产正常进行；

（4）生产过程监控，提前发出警报；

（5）良品率分析，结合相关历史信息，预测良品率。

一辆汽车需要有一个与引擎结合的引擎上盖，过去汽车生产企业要等到引擎上盖组装以后才能知道它是否与引擎适配，如果不适配，就只能将其报废。而应用大数据分析以后，在生产线上就可以对引擎上盖做实时监控与分析，然后根据结果决定是否进入下一个生产环节。

通过大数据分析，宝马在短短12周的时间内降低了80%的报废率，这样既可以降低成本，缩短生产周期，又可以实现效率最大化。除了宝马外，在产品质量监管方面，全球知名的通用电气公司利用Predix平台对发动机的质量情况进行

诊断。

通用电气涉及的领域非常广泛，产品线众多。为了迎合“再工业化”的国家战略，顺应智能制造的发展大趋势，通用电气在智能生产方面不断进行研究和创新。

Predix 是通用电气推出的一款工业互联网软件产品，也是通用电气主推的新型工业操作平台。Predix 可以对设备进行数据分析、预测、诊断等，其最大的特点是可以在云环境中与各种应用和服务无缝连接。简单来说，Predix 像一款制造领域的云应用，专门进行工业数据分析开发，监控设备状态，动态捕捉数据，让数据分析更精准、更高效。

例如，之前某发动机传输的数据包里有 280 个飞行参数，而新型发动机的数据包里有超过 470 个飞行参数。一般来说，飞行参数越多，产品越细致，地勤系统更容易判断发动机的工作状态和可能出现的问题。

运用 Predix 之前，通用电气主要依靠的是工程师团队。虽然工程师有丰富的经验，可以通过数据分析判断并处理问题，但很难做到通过来自不同发动机的一系列复杂数据对整个机队的发展情况进行快速预测。

Predix 可以在多重变量状态下进行数据判断。例如，一台是在干旱条件下运转的发动机，另一台是在正常环境下运转的发动机，两者的参数基准肯定不同。对这些影响因素，Predix 平台都能归入分析范围，并对每一台发动机做出具体分析，适时调整警告信息。

Predix 可以处理上亿个数据，这些数据是通用电气规模庞大的发动机机队产生的。Predix 会根据数据的异常程度划分警告等级。1 级异常事件没有得到及时处理将会变为 2 级异常事件，由发动机团队中的专家处理。一些极端异常事件的级别还会被提升至 3 级，这些事件只能由发动机的制造工程师解决。

对于异常事件的警告，Predix 有两种处理方式：一种是经过分析一切正常的话，Predix 不给出任何处理结果；另一种是发出用户通知记录单（Customer Notification Report，CNR）。

早前，Predix 发出了 35 万个左右的警告信息和 9 000 份 CNR，其中 86%的 CNR 都是准确的，这就意味着其中近 90%的异常事件需要被重点关注。在 Predix 中，尽管 CNR 的数量在增加，但是虚警率在不断下降，这意味着这一平台通过预测发现的问题越来越多，风险损失不断减少。

现在，Predix 的工作重点是大数据分析、处理数据包，即针对结果发出警告等级。未来，Predix 会向数据在线实时分析方向发展，更好地进行故障预测。但是受网络宽带的限制，数据在发动机结束工作后才能被下载，而且大多数参数只有在超出正常范围时才会被记录下来。

另外，在商用方面，通用电气已经宣布向所有企业开放 Predix，力图使 Predix 成为工业互联网的行业标准。从目前来看，Predix 的发展前景非常广阔。数据不是独立运作的，但只有一堆数字是没有任何商业价值的，Predix 挖掘出了隐藏在数据“冰山”下的“大宝藏”。

智能工厂不再是一种愿景性概念，而是已经进入大规模盈利阶段，技术支撑下的工业应用实例也显示出其巨大的能量和优势。

对制造企业来说，在智能制造方面进行大规模探索性试验、占领行业先锋位置并不简单。但智能制造是必然趋势，企业主动求变才能在时代浪潮中出奇制胜。

第 5 章

物流智能化：建立现代化物流体系

制造业的发展离不开物流体系的升级。智能化、信息化的物流体系可以帮助企业提升产品周转效率，实现更优质的配送服务。

5.1 传统物流的三大弊端

物流是企业打造竞争优势的关键，而传统物流却存在较大弊端。例如，各部门缺少沟通，管理混乱；制造商控制供应链；信息流动性差，资源难共享等。这些弊端使企业难以降低物流成本，制约企业发展。

5.1.1 企业内部管理混乱

随着电商市场的繁荣以及快递业务的爆炸式增长，企业迫切需要提升物流管理能力和水平。传统物流企业存在严重的管理混乱的问题，这导致企业的物流效率难以提升，成本居高不下。

1. 物流管理效率低下

传统物流对市场的反应效率低下。很多企业对市场行情不能做到及时把握，加之内部审批和决策速度慢，导致不能及时调整物流价格和设备配置。除此之外，很多企业的物流制度和流程制定时间久远，随着业务和人员的变化，很多制度和流程已经不适合当下的发展要求。特别是当遇到突发状况时，层层上报和审批的管理流程会严重降低沟通效率，导致问题不能得到及时解决，进而演变成大问题。

2. 物流管理过程混乱

物流管理过程混乱表现在 3 个方面。一是仓储管理过程混乱。很多企业存在仓库内分区不明、配货效率低和仓储业务缺乏规划等问题，导致仓库结构不合理，货物周转效率低。二是运输管理过程混乱。很多企业缺乏统一的运输路径规划和车辆调度系统，导致企业无法追踪运输过程，监管难度大，运输成本高。三是配送管理过程混乱。很多企业存在二次配送等很多不合理的配送工作，增加了物流的时间成本，降低了企业市场竞争力。

3. 物流管理信息化落后

传统物流企业信息化落后，缺乏先进的信息化硬件设备以及信息化软件系统。信息化落后导致各类数据不能打通，各个物流环节存在信息孤岛，物流效率无法真正提升。

在智能制造时代，企业必须打破传统物流的分项式管理，将各个物流环节集成为一个整体，从根本上提升物流效率。

沃尔玛积极引进 RFID（Radio Frequency Identification，射频识别）技术，以便更好地追踪货物的物流信息，实现物流智能化。沃尔玛要求前 100 大供应商在规定时间内在供货所用托盘或箱体上贴上附带物流信息的电子标签，这有利于降低缺货率和库存量。

沃尔玛引进 RFID 是应用物联网的一种表现。物联网能够集成物流、运输、仓储、交通等多个领域，同时还能改变航运、海运、陆运等运输方式，让广大公司受益。物联网不仅提高了物流效率，还保证了货物质量和运输安全。未来，经营汽车、家电、服饰、食物等业务的公司都能通过物联网对在途货物进行识别、标识、跟踪、监控，进而使其在有序运转、合规合法、高质量、安全、可靠的环境里高效率地流通。

物流智能化以技术变革为基础，物联网作为技术变革的核心之一，将深刻影响物流领域。物联网使配送网络走向智能化，实现物流透明化与实时化管理，让重要的货物变得可追踪，推动公司的转型升级，让整个物流领域焕发生机。

5.1.2　制造商控制供应链，竞争意识过强

物流的供应链分为供应商、制造商、分销商、零售商、物流服务等环节。一般来说，制造商在整个供应链中处于主要位置，但制造商很少考虑双赢或多赢，这导致供应链呈现出一种竞争大于合作的现象，非常不利于可持续发展。例如，制造商采用招标的方式获得运输、仓储等服务，物流服务提供商只能通过降低价格赢得招标，最终导致运输、仓储价格不断走低，供应链上各个企业难以实现合作与协同。

我国的物流业，除了快递这个细分领域发展得快一些外，其他领域仍然存在很大的发展空间。我国物流行业的基础相对薄弱，很多资源还未得到有效整合，供应链难以协同，不利于可持续发展。

那么，应该如何协调供应链助力我国物流业转型升级呢？海南航空给出的答案是技术赋能，即利用技术打造一个新型的物流 4.0 平台，让物流真正实现智能化。

海南航空正式发布的物流 4.0 平台是一个数字供应链平台，该平台通过整合海南航空旗下的航空货运、仓储、信息资源，引入外部生态合作伙伴，打通了从生产端、供应端、商家到用户的各个物流环节。只要用户提出需求，服务方就可

以进行一站式处理，同时还可以汇聚各业态数据，优化和提升整个供应链的运营效率。

另外，在物流 4.0 平台上，供应链可以实现有效协同。以进口车厘子为例，从原产地到消费者手中，需要经过采摘、支付、航空货运、清关、冷链运输、保险理赔等环节，从前的运输过程需要用户发起并处理每个环节，现在通过物流 4.0 平台就可以轻松实现车厘子的快速送达。

物流 4.0 平台还针对供应链的不同场景推出了智慧口岸、航空货运、智运、供应链云、综合支付系统等业务，从而实现高阶的智慧物流服务。

海南航空的物流 4.0 平台，将所有的环节放在同一条供应链上，包括生产、仓储、运输、配送等，这为很多传统物流企业实现物流智能化提供了思路。

供应链难以协同，不利于企业的可持续发展，解决这一问题的关键是结合供应链的特点，综合采用各种物流手段，实现产品的有效移动。这样不仅可以保障供应链正常运行，还可以保证供应链的总物流费用最低，实现整体效益最高。

5.1.3 信息流动性差，资源难共享

随着技术的快速升级和大范围运用，物流信息化取得一定程度的进步，但因为我国物流业起步较晚，发展过程中存在一些问题，所以很多企业的物流管理还是以传统的人工为主。物流管理没有形成系统的体系，更没有形成网络，最终造成信息流动不畅，资源无法共享。

在现代物流中，信息起着关键作用。信息在物流系统中快速、准确和实时地流动，能够使企业迅速对市场做出反应，从而实现商流、信息流、资金流的良性循环。而现代物流在技术的推动下，变得更加复杂和烦琐，企业要想组织、控制和协调这一活动，就必须获取信息。

我国物资储运协会对 200 多家物流服务企业进行了调查，结果显示：在我国，第三方物流企业只能提供不足总需求 5%的综合性全程物流服务；物流企业中有

61%完全没有信息系统支持；有仓储管理、库存管理、运输管理的企业分别只有38%、31%、27%。

为什么物流企业信息化程度低，物流管理手段落后？有以下几点原因，如图 5-1 所示。

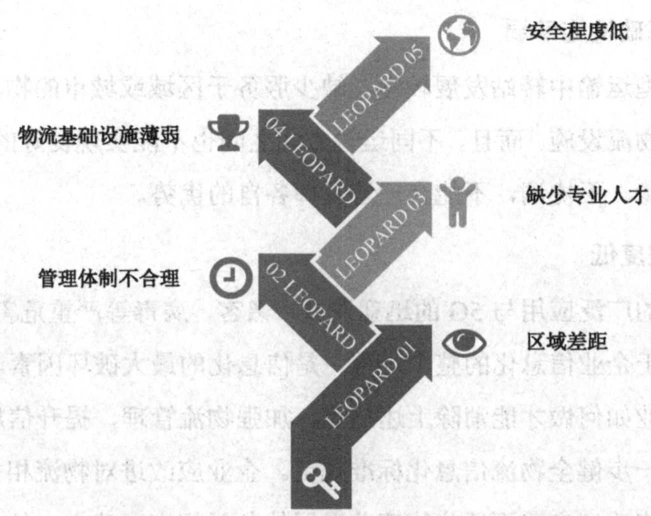

图 5-1　物流企业信息化程度低，物流管理手段落后的原因

1. 区域差距

物流企业信息化存在明显的区域发展不平衡问题。因为沿海地区一线城市的需求较大，所以有着明显的技术优势和产业优势，信息资源也较为丰富；而中西部地区的信息技术相对落后，信息产业十分薄弱。

2. 管理体制不合理

物流是一个跨部门、跨领域的复合型行业，涉及铁路、公路、水路和空运等多种运输方式，但很多企业的物流职能分散，中间环节过多，各部门之间缺少有效沟通与协调，各自为政。另外，企业对物流管理的作用认识得不够全面和深刻，弱化了物流管理在降低企业生产经营成本方面的作用。

3. 缺少专业人才

信息化离不开前沿技术与专业人才的支持。物流涉及的领域极其广泛，这就需要物流管理人员不但要熟悉整个流程，还要精通物流管理方面的方法和技巧。不过，很多企业的现状是非常缺乏具备综合物流知识的管理人才。

4. 物流基础设施薄弱

我国的大型运输中转站发展较慢，缺少服务于区域或城市的物流基地、物流中心等现代化物流设施。而且，不同运输方式之间也不能实现良好的衔接与配合，发展十分不平衡、不协调，不能合理地发挥各自的优势。

5. 安全程度低

随着技术的广泛应用与5G的迅猛发展，黑客、病毒等严重危害着网络安全。这个问题贯穿于企业信息化的整个过程，是信息化的最大破坏因素。

那么，企业如何做才能消除上述痛点，加强物流管理，提升信息化程度呢？

首先，进一步健全物流信息化标准规范。企业应改进对物流相关领域的管理方式，清理、修改和完善不适应物流业发展的各类规定，建立一体化的物流信息系统，及时、自动地更新数据，提高物流作业过程的透明性和时效性。

其次，开发引入前沿物流信息技术和设备。企业应借鉴先进的经验与技术，学习前沿物流信息技术，不断提高自己的研发能力，从而进一步提升和完善物流运营的效率，加快物流信息化的进程。

再次，重视物流公共信息平台建设。企业要合理优化公共平台的系统，加大资源整合力度，通过不断实践，提高服务质量，发挥行业整体优势，实现互利共赢，从根本上改善现状。

最后，培养高素质的专业性物流人才。除了加强物流专业学生的职业道德教育外，还要加强对现有在职人员的培训，将先进的物流理念、运作方式和管理规范融入现代物流管理中，从而提升物流行业人员的服务水平，实现物流信息化的快速发展。

5.2 物流智能化的4项核心技术

企业想要实现智能化物流，需要掌握4项核心技术，即实现运输过程可视化的物联网、打造优质物流体验的智能交通系统、实时精准定位的GPS，以及实现按需配送的条码技术。智能物流一方面可以帮助企业对物流资源进行合理配置，降低物流成本；另一方面可以加强物流过程管理，提高物流服务质量。

5.2.1 物联网：实现运输过程的可视化

简单来说，物联网其实就是“物物相连的互联网”，即通过各类传感装置、射频识别、视频识别、红外感应、全球定位系统、激光扫描器等信息传感设备和技术，实现物品和机器的智能化识别、定位、跟踪、监控和管理等，最终实现运输全过程透明化。

在物流业中，物联网主要应用于以下3大领域。

1. 货物仓储

传统仓储需要人工扫描货物、录入数据，工作效率低下，而且货物位置划分不清晰，堆放混乱，缺乏流程跟踪。将物联网与传统仓储结合起来，形成智能仓储管理系统，不仅可以提高货物的进出效率，扩大仓库的容量，减少人工的成本，还可以实时监控货物的进出情况，提高交货准确率，及时完成收货入库、拣货出库等工作。

2. 运输监测

通过全球定位系统进行智能配送的可视化管理，企业可以实时监控运输的货物以及车辆，完成全方位的定位和跟踪，了解货物的状态及温湿度情况等。在货物运输过程中，企业应该将货物、司机以及车辆情况等信息高效结合起来，以提高运输效率、降低运输成本与货物损耗，实现物流作业的透明化、可视化管理。

3. 智能快递终端

物联网在智能快递终端的应用是智能快递柜。基于物联网，智能快递柜具有对货物进行识别、存储、监控和管理的功能，与 PC 服务器共同构成智能快递投递系统。PC 服务器处理智能快递终端采集到的数据，并实时在后台更新，这样可以在最短的时间内进行快递查询、快递调配以及快递终端维护等。

将货物送达到指定地点并存入快递终端后，智能系统自动为用户发送短信，包括取件地址以及取件码等，用户可以在 24 小时内随时去智能终端取货物，简单快捷地完成取件操作。同时，基于射频识别等技术建立的产品智能可追溯网络系统，例如，食品可追溯系统、药品可追溯系统等，为保障食品、药品安全提供了坚实的物流保障。

5.2.2 智能交通系统：打造极致物流体验

ITS（Intelligent Transportation System）意为智能交通系统，是未来交通系统发展的方向。在智慧物流的背景下，企业需要将先进的信息技术、数据通信传输技术、电子传感技术、控制技术及计算机技术等有效地运用于整个交通运输管理系统。

ITS 充分利用现有交通设施，可以减少交通负荷和环境污染，保证交通安全，提高运输效率。借助于这个系统，企业可以对道路、车辆的行踪进行有效管理。

ITS 在物流中的应用主要体现在货物的运输与配送活动中，通过提高运输效率和安全性实现物流的最优化。将 ITS 与现代物流相结合，既有利于减少空载率，实现物流运输的畅通，又可以提高路网的通行能力。

ITS 对现代物流的作用，具体如图 5-2 所示。

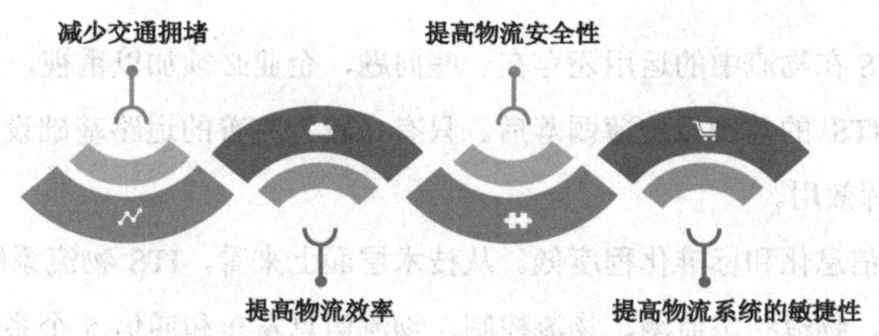

图 5-2 ITS 对现代物流的作用

1. 减少交通拥堵

在物流运输和配送过程中，由于司机不能及时获取道路信息，如交通拥挤、交通事故等，货物运输的时间往往会延长，道路的通行能力也急剧下降，最终导致物流成本上升，效率持续走低，服务水平难以提升。ITS 可以及时为司机提供实时的交通信息，使其避开拥堵路段，尽快完成运输和配送任务，提高路网的通行能力，减少交通阻塞。

2. 提高物流效率

物流管理者使用 ITS 能够实现对运输车辆的实时调度，在必要时改变运输车辆的行程。物流中心还可以根据货物配载系统提供的信息为在途车辆提供货源，以降低车辆的空返率，在消耗最低的情况下尽可能提高物流效率。

3. 提高物流安全性

物流管理者利用 ITS 对车辆进行跟踪和定位，保证在途货物的安全以及对司机的全方位监督，实现物流可视化。此外，当在途车辆或货物出现意外时，物流管理者还可以根据监测到的信息迅速做出反应，将物流损失降到最低，提高物流安全性。

4. 提高物流系统的敏捷性

随着用户需求趋于个性化和多样化，用户对物流也有了更高的要求。因此，企业要提供多品种、小批量、多批次的物流服务，打造灵活和动态的服务链，为用户提供量身定制的物流产品组合，提高物流系统的敏捷性和运行效率。

目前ITS在物流中的运用还存在一些问题，企业必须加以重视，尽快解决。

首先，ITS 的基础设施薄弱落后。只有在较为完善的道路基础设施上运作，ITS才能发挥效用。

其次，信息化和标准化程度低。从技术层面上来看，ITS 物流系统由 ITS 物流信息采集、物流状态监测、物流控制、物流信息发布和通信 5 个系统组成，信息化和标准化程度比较低。

最后，缺乏实用型的 ITS 人才。ITS 是一种新兴的集交通、计算机、信息、通信等诸多学科为一体的边缘科学，而且在我国还处于起步阶段，理论研究多于实际应用，物流业急需这方面的人才。

为了提高物流服务水平和配送水平，降低服务全过程的总成本，各大企业都在积极利用现代高科技手段，提高物流运输效率。ITS 的先进技术可为运输车辆提供实时道路状况信息，调度车辆，保证整个运输过程的正常运转，实时跟踪和监控，使货物的安全得到保障，让用户可以及时查看物流信息。通过该系统，企业能实时掌握货物的在途信息，根据变化调整运输计划，降低运营成本，推动现代物流的发展。

5.2.3 GPS：全天候实时精准定位

GPS（Global Positioning System）是全球卫星定位系统的简称。该技术利用通信卫星、地面控制和信号接收机对人和物进行动态定位，具有全球、全天候工作，定位精度高，功能多应用广的特点，可以提供实时的三维位置、三维速度和精密时间，而且不受天气的影响。

GPS 由 3 大子系统构成：空间卫星系统、地面监控系统、用户接收系统。通过 GPS 强大的功能，企业可以对运输中的车辆进行定位、跟踪调度以及管理。利用 GPS，企业可以在全球范围内进行低成本、高精度的三维位置、三维速度和精确定时的导航，极大地提高智慧物流体系的信息化水平，有力地推动制造业的发展。

知名汽车品牌大众率先在出租车上安装了GPS，并很快将这个系统推广到全国的出租车上。应用了GPS的出租车已经能做到“快速反应”，而且无论出租车在什么地方、行驶速度是多少、发生什么突发情况，管理人员都可以清晰地在调度监控中心的电子地图上看到，这样既能保障司机的安全，也能实时监控司机以保证乘客的安全。另外，得益于GPS，每辆出租车每月的行驶里程减少了10%，这不仅减少了尾气排放，有利于空气清洁和生态环境保护，还改善了道路交通拥堵的状况。

随着我国物流业与电商的发展壮大，货物的运输量日益增多，车辆的经营管理和合理调度越来越重要。传统交通管理使用的是无线电通信设备，由调度中心向司机发出调度指令，司机根据自己的判断说出车辆的大概位置，但当司机驾车行驶到陌生的地方时，则无法进行准确定位。

从调度管理和安全管理方面来看，GPS给车辆、轮船等交通工具提供了实时的导航定位。通过车载GPS接收器，司机能随时知道自己的具体位置，得到该点详细的经纬度坐标、速度、时间等信息。

GPS在物流中的作用有以下几点。

1. 车辆跟踪调度

GPS在车辆与物流中心之间建立了迅速、准确、有效的信息传递通道。物流中心可以随时掌握车辆状态，监督运输车辆，还可以根据实际需要锁定车辆位置，远程控制车辆，同时为车辆提供所需信息。

2. 实时调度

物流中心可以通过GPS随时了解车辆的实时位置和状态，如运行方向、任务执行情况等。物流中心接到需求后，根据货物送达地点，自动查询可供调度车辆，并以最快的速度调度车辆，将用户的位置信息实时通知附近的空载车辆，这样可以节省时间，提高效率，迅速选择合理的物流路线，合理配置资源。

3. 报警

物流中心可以设定车辆的运行路线和界限，当车辆超出界限时，将立即发出车辆越界警报。当运输途中遇到突发事件时，司机可以按下紧急呼叫按钮向物流中心求助，物流中心接到报警后，会立即开启自动记录与自动录音功能，并给予援助。

4. 用户服务功能

在运输过程中，用户能随时了解货物的状态，还可以及时获取车辆地理位置、路线规划等信息。

通过 GPS，货物与司机的安全都有了更好的保障。而且不管是用户、运输方还是收货方，都可以实时了解货物的情况，并推算货物到达目的地的时间，解决了传统物流中不了解货物在途情况的问题，增强了三者之间的信任。

5.2.4 条码技术：助力企业实现按需配送

条码指的是利用光电扫描阅读设备识别并读取信息的一种特殊代码，由一组规则排列的条、空及字符等组成。条码技术可以大量、快速采集信息，满足物流管理系统大量化、高速化采集信息的要求。

在物流业中，条码技术可以提升分拣和运输的效率以及货物的识别效率，提升物流的速度和准确性，缩短货物流动时间，提升整个物流业的效益。

连续多年稳坐我国工程机械行业“头把交椅”的徐工大吨位装载机智能化制造基地（以下简称“徐工”）中有一条由计算机程序控制的自动化装载传送轨道——云轨道。这条特设的云轨道可直通码头，并完成供货商物料的接收。

云轨道会通过“云”发出数据，通过显示屏显示需要卸下来的货物。为了避免出现差错，轨道上有贴着条码的专用托盘。供应商只需要用扫码枪扫描托盘上面的条码，就可以将托盘与物料一对一绑定。物料通过云轨道运输到徐工的工厂里，物料进入工厂后，会有专门的转运系统进行转运，最终送到设置好的生产线上。

传统制造企业中经常发生领错物料的事情，原因可能有两个：一是员工对接时产生偏差；二是新手不容易识别相似物料。即使流程很严谨，也有可能出现大规模领错物料的事情，从而使企业遭受严重损失。

而徐工的云轨道则能有效避免领错物料事情的发生。当新的生产计划制订后，会通过信息管理系统进行局部分解，分解成多个物料配送清单。这样供应商就可以知道什么车间的什么生产环节需要什么物料。供应商接到配货指令后，会把不同的物料集合在一起，分别打上条码，直至扫描收货。

云轨道解决了传统制造企业很难解决的一个问题：按需配送。具体来说，因为需求是动态的，所以人很难甚至无法完成实时配送，而"云轨道"则可以实时发出指令，最终完成按需配送。

作为物流管理的工具，条码技术的应用主要集中在以下环节，如图5-3所示。

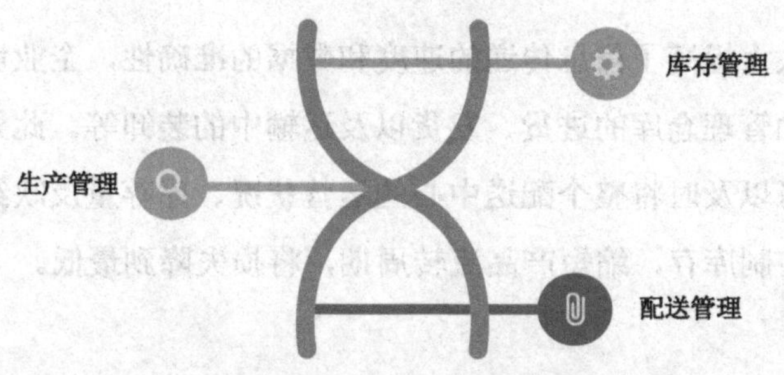

图5-3　条码技术的应用

1. 生产管理

生产现场会产生大量数据，这些数据对企业的快速决策非常重要，条码技术在生产上的应用因此而生。条码技术能自动、快速地收集生产现场产生的实时数据，对其进行及时处理。与此同时，条码技术又与计划层保持双向通信，从计划层接收相应数据，最终形成反馈结果，产生执行指令，实现生产效率的进一步提升。

条码技术有效解决了制造企业对生产现场进行管理的难题，使制造企业可以更轻松地管理生产数据，有效进行生产控制、产品质量追溯，以及后续的库存管理及销售追踪。

2. 库存管理

企业在库存管理中嵌入无线网络技术和条码技术，可以使每个环节都能通过智能终端迅速完成。此外，利用条码技术，产品在进出库时不需要人工反复辨认并分拣，人工通过扫描即可获得相关信息并归类，这样可以提高效率，确保运输过程的统一性和准确性。

3. 配送管理

条码技术已经被广泛应用于现代化配送中心的管理中，除了产品条码外，还有货位条码、装卸台条码、运输车条码等。条码技术也可用来进行配货分析，通过统计商店的不同需求，按不同的时间段，合理分配货物数量与摆放空间，减少库存占用。

条码技术大大提高了信息传递的速度和数据的准确性，企业可以进行实时的物流跟踪，自动管理仓库的进货、发货以及运输中的装卸等。此外，通过条码技术，相关人员可以及时将整个配送中心的运营状况、库存量反映给管理层和决策层，从而精准控制库存，缩短产品流转周期，将损失降到最低。

5.3 企业如何低成本实现物流智能化

企业想要低成本实现物流智能化，就必须了解当前的物流情况，分析出物流成本过高的原因，然后创新物流系统，重新制定从仓储到运输到配送的自动化、信息化的物流解决方案。

5.3.1 创新物流系统，配置智能设备

作为电商巨头，亚马逊的产品种类非常丰富，拥有先进的、立体化的物流系统。本小节从配送中心、智能机器人 Kiva、自动优化拣货路线、随机存储、“身份证号”定位技术 5 个方面来介绍亚马逊的智慧物流蓝图，如图 5-4 所示。

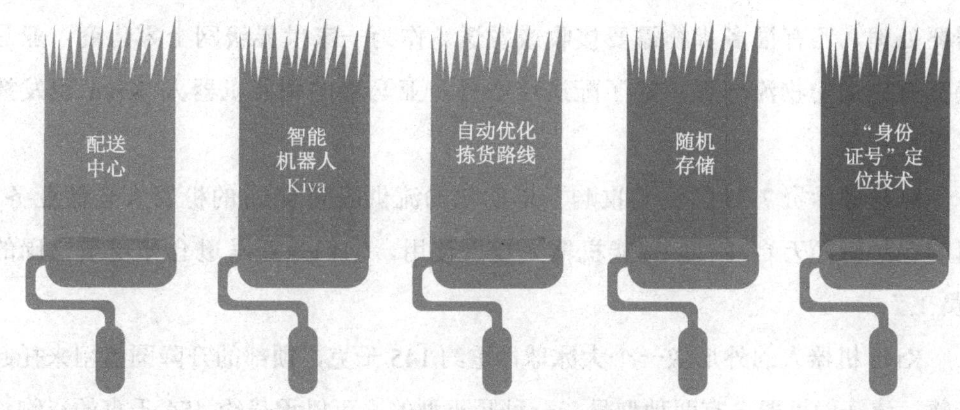

图 5-4 亚马逊的智慧物流蓝图

1. 配送中心

亚马逊一共有 109 个配送中心，分布在世界各地，仅北美地区就有 74 个。配送中心的业务覆盖货物从出仓到分配的全过程，包括物流中心、再次分配中心、退货中心、专业设备中心和第三方物流外包设备中心等。

这些配送中心就像亚马逊的中继站一样，每天都有货物由此分散到各地，源源不断又井然有序。配送中心是亚马逊超大物流体系的重要分支，通过这个分支，亚马逊实现了行业集中度，简单来说就是把货物集中起来再分散出去，统一调配，集中处理。配送中心除了收发亚马逊自家的货物外，还为第三方卖家提供物流仓储有偿服务。

用户在电商平台购买货物后，亚马逊会及时处理订单，包装发货，再让第三方配送，并收取订单执行费。在亚马逊上，第三方卖家销售的产品量占总销量的

60%，有近两百万的活跃卖家。

另外，在配送方面，亚马逊把业务全部外包，美国境内业务由美国邮政和 UPS（美国联合包裹运送服务公司）负责，国际部分由联邦快递、CEVA（基华物流）等负责。

2. 智能机器人 Kiva

亚马逊业务已经遍布世界绝大部分国家和地区，每天都有数量庞大的订单需要处理，还有很多货物需要接收或发送。作为一家世界级网上零售商，亚马逊拥有先进的物流体系，除了配送中心外，亚马逊的智能机器人 Kiva 也发挥了重要作用。

亚马逊斥资 7.75 亿美元收购了自动化物流供应商 Kiva 的机器人仓储业务，目前已经有超万台 Kiva 智能机器人投入使用，它们是亚马逊仓库里最忙碌的“员工”。

Kiva 机器人的外形像一个大冰球，重约 145 千克，顶部的升降圆盘用来托起货物。该智能机器人有两种型号，一种是小型的，可以承载约 454 千克的货物；另一种是大型的，可以承载 1 360 千克以上的货物。

Kiva 密集分布在亚马逊的仓库里，主要工作是扫描地面的二维码前进追踪，根据无线指令把货物从货架或仓库搬运至员工处理区，这样既可以按最优路线最快行进又不会彼此碰撞，实现协调有序。

之前，员工每小时只能分拣扫描 100 件货物，现在可以达到 300 件，并且准确率达到 99.99%。而且，如果 Kiva 与 Robo-Stow 机械臂共同合作，能够在半个小时内卸载和接收一拖车的货物，这极大提高了亚马逊物流体系的工作效率。

员工分拣扫描工作结束后，传送带把货物传送到流水线进行包装，系统会自动选择最适合货物的方式进行包装，然后将货物传送到出货口，进入第三方快递运输车，这样货物就会开启全国或全球之旅。Kiva 的加入使亚马逊物流体系更加快捷、高效，从而真正实现“货找人、货位找人”的模式。

3. 自动优化拣货路线

亚马逊的数据算法可以为拣货员工设计最优的路线。员工手持扫描枪，系统会推荐他下一步要去哪个仓位，他只需要按提示往前走即可，这样员工走的路线是最少的。据统计，这种智慧型拣货模式比传统模式的效率提升了60%。

这一切都要归功于数据算法，它可以保证不会有很多员工挤在一起拿货物，通道畅通，效率最高。另外，在图书仓储方面，亚马逊采取的是穿插摆放，相似的图书尽量不放在同一位置。这样安排的好处是当有大批量的图书时，员工不会扎堆拣货，而且每位员工的任务量比较平均。

经过大数据分析，亚马逊能够明确哪些商品的需求量较高，哪些商品是批量进入仓库的。对于这些畅销商品或爆款商品，亚马逊会尽量将其放置在距离发货区域比较近的地方，目的就是让拣货员工尽可能少走路，减轻负重。

4. 随机存储

随机存储，顾名思义，就是不按照常规顺序排列，将货物随机性地放置在货架上。不过，亚马逊的随机存储不是真的乱摆乱放，而是遵循一定原则，尤其是一些畅销品和非畅销品的摆放。这样可以为智慧型拣货提供方便，更有利于优化拣货路线。

系统Bin是随机存储原则的核心，它把货物、仓位和数量看作一个系统，只要有一个元素变动，其他元素也会随之发生变动。收货时，系统Bin认为订单和运货车是一起移动的两个不同货架。上架时，货物随机摆放，盘点同步完成；员工拣货时，Bin系统指定仓位。系统Bin见缝插针式的存储模式让不同货物交叉摆放，这也是亚马逊物流体系的一大特色。

5. “身份证号”定位技术

在亚马逊庞大的配送中心里，后台数据系统通过特殊“身份证号”识别库位和货位。库位有编码，货位有二维码，这样大数据就可以准确定位，及时制订调度计划，平衡物流中心的仓储能力。

5.3.2 制定自动化、信息化的运输解决方案

随着海澜之家的不断发展和扩大，其所需要的仓储物流量也进一步增长。为了能满足营销网络扩张的需求，提高物流效率，为用户提供更完善的配套服务，保障整体的运营，使仓储管理成为一项增值管理内容，海澜之家搭建了高度信息化和自动化的智能化物流系统。

海澜之家的物流园区内除了少量扫描人员和叉车工，并没有很多人在忙碌地装货、卸货。这全因海澜之家构建了完善的智能化物流系统，实现了去人工化的强大仓储能力。

海澜之家物流的智能化体现在以下 6 个方面，如图 5-5 所示。

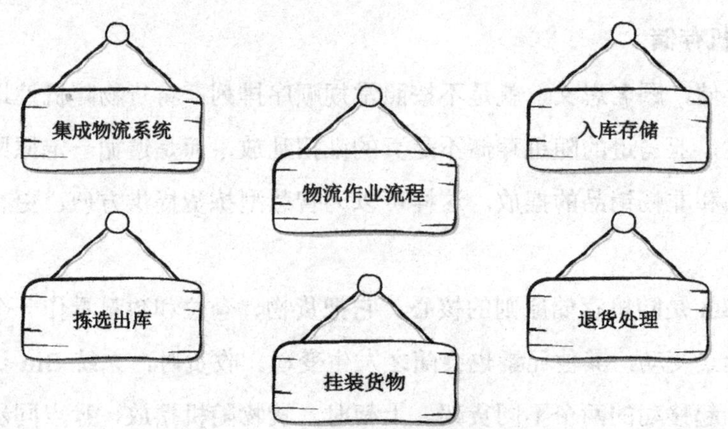

图 5-5 物流智能化的具体体现

1. 集成物流系统

海澜之家的物流系统集成了立体仓库、语音拣选、箱式输送线、弹出轮式分拣等功能。每件衣服都有唯一的条码，方便企业进行存储、配送和销售。搭配海澜之家的电商仓库校验系统，发货准确率高达 100%。

2. 物流作业流程

物流园是海澜之家的配送中心，既负责管理供应商的库存，又需要按时给商店配送货物，以滚动方式不断进行进货、出货等工作。

3. 入库存储

货物到达后，先由质检员进行抽检，再进入9号、10号自动化立体仓库。之后，员工从送货箱中取出货物，逐一扫描条码，放入海澜之家的标准箱。

4. 拣选出库

堆垛机取出9号和10号库的货物后，统一出库。货物到达立体仓库前端的输送线时，员工从托盘中取出纸箱，并送至拣选区。大宗的货物通过倾斜式输送线，利用语音拣选系统在9号、10号仓库完成拣选。中小宗的货物出库后，在16号楼的4～6层补货区补货。

在海澜之家，交叉带分拣机可以同时处理500家商店的订单，每小时的货物处理能力达到4万件，处理后的货物能自动封箱、贴标、裹膜，与包装区的订单货物汇总后，由箱式输送线送到发货大厅。通过弹出轮式分拣机将货物分到各个道口，再装车送给商店。

5. 挂装货物

自动挂装仓库的作用是对挂装货物进行存放和拣选。自动挂装仓库共有多条轨道，可以同时为183家商店分拣货物。另外，自动挂装仓库还配备了空箱输送线和自动裹膜设备，出库前将挂装货物从货架上取下放入纸箱，再汇集到发货大厅一起装车运输。

6. 退货处理

海澜之家拥有全国商店的直接经营管理权。当货物销售接近尾声时，换季货物需要退回到物流中心进行调整，再重新配送到市场上销售。因此，海澜之家的退货处理量相比其他企业要大很多。

海澜之家的商业模式为“品牌+平台”，即企业独立管理产品开发、品牌打造和营销网络等，将中间的生产、运输以及配送等环节外包，不断扩大经营网络，统一管理商店、供应链和服务标准，从而提升销售额和销售量。这种独具特色的商业模式为海澜之家的快速发展提供了强大支撑，产生了多重效应。

5.3.3 打造立体化仓库，提升管理水平

蒙牛的总部设在内蒙古呼和浩特，每年可以生产乳制品 500 万吨。随着生产规模的不断扩大，蒙牛在很早之前就开始使用自动化立体仓库，以提高仓储容量和物流管理水平。除此以外，蒙牛的高度自动化物流系统也受到业界的广泛关注。

高度自动化物流系统包括自动存取系统（Automated Storage and Retrieval System，AS/RS）、空中悬挂输送系统、码垛机器人、环行穿梭车、直线穿梭车、自动导引运输车、自动整形机、连续提升机，以及多种类型的输送机等众多智能设备，是一个自动化程度比较高、比较先进的物流系统。

这套物流系统主要用于常温液体奶的生产、储存以及运输，按照功能划分为生产区、入库区、储存区和出库区等，由计算机统一实行自动化管理，可以实现从生产到出库装车全过程的无人化作业，涉及成品出入库、原材料及包装材料的输送等所有物流环节。

蒙牛的高度自动化物流系统囊括 4 个方面，如图 5-6 所示。

图 5-6　高度自动化物流系统的组成

1. 成品自动立体库

成品自动立体库主要用于产品封箱完成之后的环节，例如，装车前的出库区输送、成品存储与出库操作，以及空托盘存储等。成品自动立体库中主要的设备有：提升机、机器人自动码盘系统、环形穿梭车、高位货架以及单伸堆垛机等。

2. 内包材自动化立体库

内包材自动化立体库负责将内包材料运送至入库输送线，主要的设备有：驶入式货架系统、单伸堆垛机以及 AGV 系统。其中，AGV 可以自动把内包材料送到无菌灌装机指定位置，并将空托盘送回去。

3. 辅料自动输送系统

员工将辅料放置到自动搬运悬挂车后，由辅料运输系统准确将辅料送到指定位置。

4. 计算机管理系统

计算机管理系统实现成品的自动化入库、内包材料的自动化入库，以及辅料的全自动控制、监控和统一管理。

蒙牛的高度自动化物流中心中，生产区、入库区、储存区和出库区的具体运作流程如下。

（1）生产区：输送链在码垛前将盛有货物的纸箱提升至离地面 2 米处；码盘机器人按货架层间距的尺寸要求，将纸箱整齐地码放在下游输送带的托盘上。

（2）入库区：入库区设有双工位、高速环行的穿梭车，用于分配入库口的入库货物。在上穿梭车之前，货物要先经过外形合格检测装置，如果没有通过，则由小车送到整形装置处重新整形后再入库；如果顺利通过，则由堆垛机自动放到计算机系统指定的货架上。

（3）储存区：储存区每一个位置都被计算机系统独立编号。如果货物被移动，计算机系统会收到变动信息，进而进行调整。

（4）出库区：出库区设置了 20 个停车位，可以满足 20 辆运输车同时装卸任务；堆垛机自货架上取出装有货物的托盘，并将其送到库房外的环行穿梭车上；根据销售订单，滚筒式输送机将相应数量的货物送到运输车旁；环行穿梭车的某处设有货物分拆区，需要分拆的货物在此脱离穿梭车道，进行人工分拆。

如今，为了进一步实现智慧物流，蒙牛采取了供应商预约送货的方式，加强对供应商的管理，实现收货工作的计划性与预知性，并在此基础上进行物流安排，做好装车和运输计划。这样的做法有利于实现人力的共享和资源的合理分配，提高车辆装载率和运输效率，节约运输成本，提高送货的准时程度。

如果将智慧物流看作智能制造的“发动机”，那么技术就是智慧物流的“引擎”。因此，企业要想尽快实现智能制造，技术就必须跟得上，这也是避免让货物在“最后一公里”卡壳的重要手段，可以优化用户的消费体验。

第6章

零售智能化：激发新一轮消费增长

依托网络和数字平台，零售行业的门店可以扩大服务半径，提升消费者黏性，减少消费者的等待时间，更好地满足他们的需求，从而提升消费体验。可以说，零售的智能化有效促进了供需匹配。

受新冠肺炎疫情等因素影响，线下零售业受到冲击，不少中小企业面临经营困难。因此，对零售进行智能化升级，既能对冲新冠肺炎疫情带来的不利影响，又能激发新一轮消费增长，让零售企业实现“逆袭”。

6.1 思考：零售智能化有何特征

零售智能化有3个明显的特征：线上与线下成为一个整体、大数据的重要性越来越明显、天然具备强大的AI基因。

6.1.1　线上与线下成为一个整体

数字技术的应用将线上零售与线下零售紧密结合，企业能够凭借消费大数据，把握市场需求，优化消费体验。

得益于对市场需求变动的敏锐嗅觉，丝芙兰相继在美国和法国开设了极具现代感的数字化门店，以此与消费者建立更紧密的联系。如今，丝芙兰的数字化门店已经非常规范，不仅可以让消费者切实体验各种产品，还可以赋予其一种耳目一新的感觉。

丝芙兰的数字化门店始终秉承着“让女性发现美丽、探索美丽和分享美丽”的理念，致力于为她们提供完美的消费体验。丝芙兰的数字化门店主要包括 3 个部分，如图 6-1 所示。

图 6-1　丝芙兰的数字化门店

1. 线上美妆教学区

丝芙兰的数字化门店内有很多联网设备，消费者可以通过这些设备获取最新的美妆教程。同时，为了方便消费者随时取用，丝芙兰还在设备旁边放置了一些化妆工具。消费者在使用设备后会留下很多数据，丝芙兰可以通过这些数据了解消费者的需求和喜好，从而根据其自身情况为其推荐最合适的美妆产品。

此外，丝芙兰提供的 Color IQ 触摸屏可以为消费者挑选唇膏、粉底、眉粉等，还可以帮助消费者设计妆容，例如，哪个颜色的口红或眼影更适合消费者的服装穿搭。因为 Color IQ 触摸屏上的效果是显而易见的，所以，消费者可以很放心地购买自己想要的产品。

2. 虚拟试妆镜 Tap and Try

Tap and Try 是丝芙兰与 ModiFace（一家科技公司）合作利用物联网和 AR 创造出的一款支持试妆的“神奇魔镜”。消费者可以通过 Tap and Try 充分感受产品涂在脸上的 3D 效果，整个过程十分方便、快捷，只需要扫描产品上的条形码即可。

有了 Tap and Try 后，消费者不仅可以尽情尝试 3 000 多种不同颜色的口红、眼影，还可以虚拟试戴假睫毛。目前，Tap and Try 已经得到了大量消费者的好评，因为它不仅完全省去了试妆的麻烦，还帮助丝芙兰节省了准备小样和化妆工具的费用。

3. 数字技术小测试

对消费者来说，选择适合自己的香水是一件比较私密的事。为了不让消费者在购买香水时感到困扰和尴尬，丝芙兰推出了名为 InstaScent stations 的装置。该装置通过让消费者闻不同的气味并进行评估，为其匹配最心仪的气味，同时喷出与该气味相似的香水。

在护肤方面，丝芙兰推出了面部贴片。该贴片不仅可以检测消费者皮肤的湿度，还可以迅速确定消费者的皮肤类型，从而有根据地为其推荐合适的产品并给出合理的护肤建议。

通过数字化门店，丝芙兰提升了消费者的消费体验，并在整个购物过程中给予消费者便利、舒适的感觉。对丝芙兰来说，建设数字化门店还可以获取许多有价值的数据，从而对消费者进行更深入的了解，为构思、研发下一款产品提供有力依据。

除了建设数字化门店外，丝芙兰也还积极开展线上业务，试图打造线上线下共享互通的美妆社区。未来，丝芙兰如果继续坚持打通壁垒，那么创造让消费者满意的数字化门店、跟上零售智能化的发展潮流便是水到渠成的事。

6.1.2 大数据的重要性越来越明显

传统制造企业最大的弊端就是不能收集用户的有效数据以达到监控用户行为的目的。久而久之，传统制造企业无法根据数据分析实现精细化管理，例如，无法进行精准的产品推送、关联等。

通过大数据监控用户的购买行为，进而优化促销方案是每个企业都想达成的目标。不过，很多企业都试图同时发展线上与线下的业务，但并没有取得明显的效果，这主要是因为它们没有打通线上线下的数据，造成大量重要数据缺失，从而难以建立精准的用户画像。

在智能零售时代，不管是线上的企业还是线下的企业，都应该运用大数据完成精准的用户分析。总之，哪家企业能找到用户、理解用户、服务用户，哪家企业就能尽快实现智能零售。由此来看，大数据的分析、预判和洞悉能力就是企业精准触达用户的关键所在。

为了满足用户追求高质量产品的需求，企业必须选择更好的传播渠道精准触达用户。那么企业具体应怎么做呢？如图 6-2 所示。

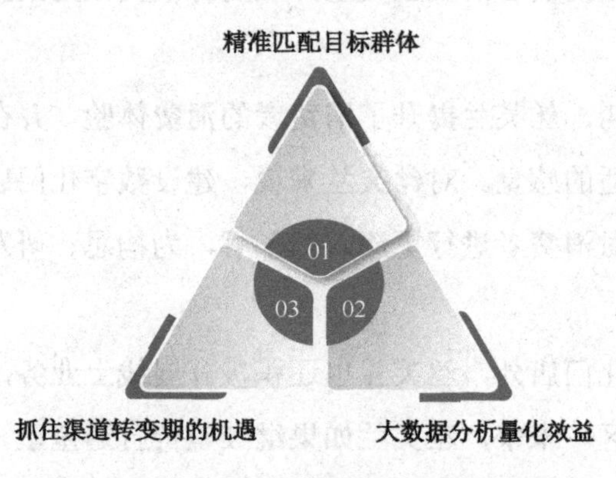

图 6-2 利用大数据精准触达用户的做法

1. 精准匹配目标群体

企业利用大数据对消费者的基础属性、使用产品的时间、活动范围等多个维度进行分类，通过不同场景的筛选以及定制用品的切入，就可以快速找到有需求的目标群体，并洞察到这一目标群体的需求，从而提升广告推送与用户需求的匹配度。

2. 大数据分析量化效益

大数据在最近几年成为热门词汇，一些企业也积极进行大数据方面的探索与应用。例如，阿里巴巴、京东、腾讯等企业都充分运用大数据的精准推荐功能；百度地图可以根据用户的实时定位数据精准获知用户家和公司的地址；在某年的电信日，我国三大运营商同时表示要全面推进大数据的发展。

大数据分析可以帮助企业实现零售精准化，从而使其在细分市场中能够快速获得潜在用户，并提高市场转化率。所以，大数据分析是企业赢得市场竞争的一个有力武器。

企业采用先进的大数据智能分析技术，可以对媒体的投放渠道进行再分析、再评估，根据不同的推广需求，实现了渠道联动的进一步升级。

一方面，企业可以融合不同投放渠道的优势，对现有的媒体渠道进行升级，并打通产品的供应链，然后再根据产品推广场景的不同，决定匹配流量和广告渠道的投放比例，最终获得最佳的投放策略。

另一方面，利用大数据，企业还能创造多种投放场景，使产品能够在不同场景中为用户带来极致体验。而且随着场景的不断扩大，企业还可以逐步覆盖、触达更多的目标群体。

3. 抓住渠道转变期的机遇

零售的本质就是在合适的场景下，以最适合的方式，建立企业与用户之间的连接。智能零售让这种连接越来越多，也越来越紧密。从目前的情况来看，很多企业都把大数据看成一个可以全面触达用户的渠道，然后再利用微信、微博等社交媒体使其顺利落地。

企业运用大数据以及丰富的洞察技术，根据用户的基础属性、兴趣、使用产品时间、标签喜好等维度对其进行深入分析及对比，就可以实现精准触达，尽快完成智能零售转型升级。

6.1.3 天然具备强大的 AI 基因

相关调查显示，很多用户讨厌的并不是广告，而是跟自己不相关的广告。也就是说，如果企业推送的广告与用户的生活息息相关，甚至还可以满足用户在某一方面的需求，那就可以吸引用户的注意。而这一目标的达成和人工智能有着千丝万缕的联系。

实际上，除了精准推送广告外，人工智能还可以被应用到智能零售中。例如，某企业想开设一家实体店，则需要考虑店面选址、店面面积、租金、人群覆盖率、客流量、哪些商品会畅销等诸多问题。以前，这些问题的答案都是根据经验得出的，但在智能零售时代，根据大数据、人工智能等先进技术就可以对这些问题做出更加精准的解答。

阿里巴巴在第二届淘宝造物节上推出了"淘咖啡"线下实体店。消费者首次进店需要打开手机淘宝，扫码获得电子入场券，然后签署数据使用、隐私保护声明、支付宝代扣协议等条款，通过闸机后，就可以开始自由购物。购物结束要离开时，消费者只需要通过一扇结算门，智能系统就会把所有的购物费用从支付宝里自动扣除。

亚马逊推出无人实体商店 Amazon Go，采用计算机视觉技术、深度学习以及传感器融合等技术，省去了传统柜台收银结账的烦琐过程。在 Amazon Go 里，消费者只需要下载亚马逊的购物 App，并在入口完成扫码，就可以开始购物。当消费者离开后，系统会自动根据消费者的消费情况在其个人的亚马逊账户上结账收费。

人工智能和深度学习可以分析消费者的轨迹，从而得知消费者进入门店后注意力先被哪个区域的商品吸引，以及在什么地方停留的时间最长。通过分析消费者的轨迹，企业就可以对消费者的消费行为进行精准预测，从而通过更换货品摆放位置、加大营销力度等方式为消费者提供更好的消费体验。

在“零售+人工智能”模式下，购物方式正在变得多元化、多样化，消费者也能获得更多良好的感官体验。人工智能不仅满足了消费者在消费方面的需求，还帮助制造企业精准细分目标群体，提高其生产经营效率，促使其走向智能化，实现快速崛起。

虽然传统制造企业积累了大量的数据，例如，消费者的购物喜好、购物方式、购买产品销量排行、消费场景等，但这些数据都是孤立存在的。自从人工智能出现以后，这些数据就被融合在一起，还实现了结构化。

例如，在数据方面，阿里巴巴获得了支付宝、口碑的支持，后来又入股了银泰、三江购物等企业，已经拥有最全场景、最多元化的数据；自营电商京东也拥有大量的精准数据，尤其是与品牌商之间共享的产能、库存数据。

人工智能的优势已经显露出来，很多商业巨头开始运用该项技术为自己服务，并借此成为智能零售领域中的研究者和实践者。不过，无论是哪种企业，智能零售的目的都是通过人工智能实现产品和用户之间的最优匹配，以及工厂产能和社会需求之间的精准匹配。

6.2 “智造”时代，零售业的变革之路

零售行业的变化往往体现了时代变迁。如今的消费者更看重消费的体验感和个性化，这要求零售企业以用户为中心，在技术驱动下采取更先进的服务用户的

手段，对用户需求做出快速响应。

6.2.1 重塑货、场、人的关系

在传统零售时代，市场占据主导地位，用户需求次之。而在智能零售时代，用户成为整个销售过程的主导者。基于此，零售模式开始从“货场人”向“人货场”转变。

那么，究竟什么是“人货场”呢？实际上，“人货场”就是选对的人（外：目标客层+内：销售人员），挑对的货（风格+品类+价格波段+上市波段），在对的场（城市+商圈+地址+楼层+视觉识别+终端形象识别+虚拟机）。

“人货场”三者的关系会随着市场的变化而变化，在不同的发展阶段呈现出不同的特点。在物质短缺的阶段，“货”毫无疑问是第一位，需求大于供给，任何产品都可以非常容易地销售出去。随着物质的不断丰富，“场”逐渐成为核心，企业要想在激烈的竞争中脱颖而出，就必须占据市场的黄金地带。在互联网发达的阶段，以“人”为本才是王道。

优衣库可谓是线上线下结合得最好的服装品牌。在智能零售出现之前，优衣库就已经进行了尝试。众所周知，优衣库的产品在款式和价格上已经实现了线上线下统一，这也是线上线下深度融合的根本。

此外，优衣库还会通过各种方式让消费者感受到在网上购物可以获得与在实体店购物一样的体验。例如，消费者在网上购物时，优衣库会提供周边实体店的位置及库存情况，App 中的优惠券也可以在实体店使用。

除了把线上线下的产品信息打通外，优衣库还在物流上实现了实体店之间的高度融合。优衣库是仓储式实体店，实体店就相当于仓库，因此，优衣库的库存管理实际上就是对实体店库存情况的管理。一个一线城市中基本上会有 10～20 家优衣库的实体店，各区域内库存和品类数据信息的打通可以优化优衣库的管理和服务。

如今，企业需要利用人工智能和大数据，以实体店、电子商务、移动互联网为核心，通过线上线下深度融合，实现产品、会员、交易、销售等数据的共享，为消费者提供跨渠道、无缝化的极致体验。从“货场人”到“人货场”的转变就是智能零售开始的重要标志，这一点可以从以下几个方面进行说明。

1. 人：以人为本无限逼近消费者内心需求

在零售行业内有一个段子——“在大数据时代，企业将比妈妈还了解你。”其实这就是智能零售的真实写照：无限贴近消费者的需求，在任何场景下都能智能化地推送消费者真正需要的信息。例如，当某个人想要出去旅游时，他可能会浏览大众点评等软件上的信息，并在购票软件上查看车票、飞机票等，以选择最佳出行方式及目的地。这时，这些软件经过捕捉并分析用户的浏览数据，会为用户推送一份能够满足其旅游需求的旅游指南。

2. 货：C2B 生产模式

在工业 3.0 时代，商业法则是“大生产+大零售+大渠道+大品牌+大物流”，主要目的是无限降低企业的生产成本。在工业 4.0 时代，随着经济发展和生活水平的不断提高，价格在消费者心中已经不再是影响消费决策的最重要的因素，企业实行 C2B（Customer to Business，消费者到企业）的生产模式，使得商品能够更加匹配消费者的真实需求。

另外，在大众化消费逐渐转变成小众化消费的情况下，产品也趋于个性化，并被赋予更多情感内涵。也就是说，如今，从生产源头开始，消费者的需求会被更好地满足。

3. 场：消费场景无处不在

当今，企业与消费者的触点，或者说消费场景，已经实现了爆发式增长。消费者的购物渠道更加多元化，例如，实体店购物、网上购物、电视购物等。可以说，只要有屏幕和互联网的地方，企业和消费者之间都能达成交易。

随着 AR/VR 进一步发展成熟，消费场景更是无处不在，定制化生产越来越普及，消费者想要的一切产品都能唾手可得，这将提升消费者的消费体验。

对于企业来说，除了以技术与数据为基础不断提升产品与服务质量外，还要用内容、娱乐、互动等方法不断触及消费者的内心。消费者也越来越习惯于根据自己的品位、偏好、情感等寻找“气味相投”的企业和产品。

6.2.2 消费者的体验需求愈发强烈

随着时代的发展与科学技术的进步，消费形态发生了质的变化，消费者的消费需求不断升级，更加注重消费过程中的体验。因此，企业要想在日益激烈的市场竞争中立于不败之地，就要以消费者需求为核心设计、生产产品，使消费者获得体验式消费。那么，究竟什么是体验式消费呢？体验式消费就是企业以消费者为中心，通过对商场、产品的安排以及特定体验过程的设计，让消费者获得美好的体验，从而达到精神上的满足。

如今，在激烈的竞争环境中，体验式消费已逐渐成为企业参与竞争的一张“王牌”。“零售+体验式消费”有很多好处，从企业的角度来说，可以使其更好地参与竞争；从用户的角度来说，可以使其在购物过程中获得更加优质的体验。

那么，“零售+体验式消费”可以通过什么方式实现呢？如图 6-3 所示。

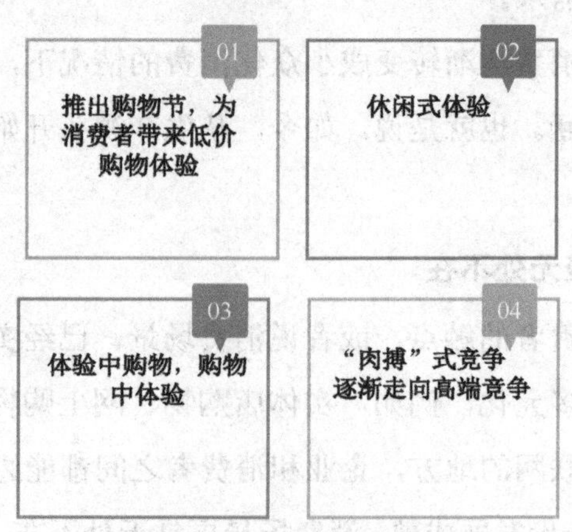

图 6-3 “零售+体验式消费”的实现方式

1. 推出购物节，为消费者带来低价购物体验

2022年10月22日，作为上海百货标杆的新世界城举办内购会，内购会上的产品的价格和淘宝、天猫对标。为了能和众多供应商达成价格上的一致，新世界城早在几个月前就开始筹划这次内购会。

由于部分产品的价格很低，因此一些供应商颇有微词，例如，一款某热播电视剧中女主角同款手表的售价为11.3万元，在内购会上，这款手表有着8.5折的折扣价，优惠了近1.7万元。这为很多想要出国购买这款手表的消费者提供了便利，而且价格也更具吸引力。

2. 休闲式体验

在传统制造业转型升级时，出现了自助榨汁机、3D试衣镜等优化消费体验的新兴产品。从长远看来，体验式消费时代已经到来。例如，在实体店里，消费者可以自己动手挤冰激凌、榨新鲜果汁、做蛋糕等；在超市里，消费者可以通过扫描产品二维码完成付款，减少了在柜台排队付款的时间。

消费者是一个个单独的个体，各自对服务的需求和理解都不相同，而企业就可以把某些环节交给消费者自己去操作，从而使消费者从中获得更高的满足感。例如，咖啡店可以让消费者自己研磨咖啡粉、尝试咖啡拉花等，让他们在消费中获得乐趣和新奇的体验，提升他们的消费满足感。

现代化的购物中心不仅满足了传统意义上消费者购物的基本需求，还满足了消费者获得良好购物体验、互动、情感交流等需求。在未来，无论是线上电商还是线下实体店，都会推出更多新奇好玩的体验型产品，体验式消费将成为最主要的消费方式。

3. 体验中购物，购物中体验

消费者走进“居然之家”以后，完全体会不到这是一个家居卖场，而更像一个喝茶、品酒、听音乐会、谈商务要事的理想场所。之所以会出现这样的情况，主要是因为“居然之家”根据消费者的购物需求，专门打造了一个更高品质的家

具体验馆，在这里，消费者可以体验到更多的服务。

“居然之家”的消费者体验区不仅整合了多款花洒和龙头，而且直接向消费者展示花洒、龙头的实际出水效果。这样一来，消费者就可以体验不同水柱落在皮肤上的触感。此外，工作人员也会在现场展示多款产品的使用方式，并介绍不同产品的特色。

4. “肉搏”式竞争逐渐走向高端竞争

近年来，基于体验消费的休闲产业蓬勃发展。例如，自助式摘草莓、摘葡萄、农家乐等体验式休闲项目，“真人 CS”、密室逃脱等模拟特定环境的真实体验式游戏和娱乐项目层出不穷。其实从本质上来讲，这些都属于以体验式消费为中心的娱乐消费产业。

在传统零售时代，企业都是忙于进行推广营销，缺少个性化的体验式服务，而消费者则一直在担心产品是否存在质量问题。如今，企业更加注重以消费者的需求为中心，企业的服务也逐渐趋于个性化。实际上，为消费者提供最优质的体验才是现代企业竞争的核心，因此，越来越多企业推出体验式消费产品，企业的服务越来越透明化，消费者的满意度与黏性更高。体验式消费发展势头迅猛也在一定程度上表明，现在的商业竞争已经由传统的近乎“肉搏”式的竞争转向依靠大数据、前沿技术的高端竞争。

6.2.3 超级物种引爆零售业发展

为了让产品更好地销售出去，很多企业都会开设超市，这其实是一种综合型的零售平台，其主要职责就是为上下游产业链中的合作伙伴提供最优质的服务。在我国的零售市场中，永辉超市比较受消费者喜爱。不断创新的永辉找到了自己的第一个盟友——新希望旗下的草根知本，并在西南地区建立了第一个“进化基地”。

草根知本和永辉在成都“联姻”，共同成立了四川新云创商业管理公司，希望能打造出一条产业生态链。按照相关战略规划，双方还会在线上、线下、深度体验等方面展开深度合作，并在四川实现零售、冷链、快消品渠道和移动互联网业务等方面的强强联合。

草根知本和永辉合作的第一步是在四川大力播种“超级物种”，同时在1年内开设12家超级物种店。

永辉是一家以销售生鲜食品为主营业务的超市，在低温产品、零售渠道、全球供应链管理、消费服务等方面都具有非常明显的优势；草根知本则秉持着“优选全球、健康中国、美味食品、便利生活”的理念，拥有冷链、调味品、乳业、营养保健品、宠物食品5大产业板块，旗下企业超过了20家。因此，二者达成合作以后，可以最大限度地发挥各自的优势，并形成互补。

如今，永辉已经推出了“云超”“云创”“云商”“云金”“云计算”5大板块，在这5大板块中，以“云创”“云商”为主的业务集群是其布局智能零售、提高业态革新能力的重要标志。其中，“云创”主要包括超级物种店、永辉会员店、永辉生活App 3大业态；“云商”则包括全球贸易、数据、物流3个方面。

除此以外，“彩食鲜”项目也有着非常重要的地位，该项目不仅是永辉进行食品供应链升级的有力体现，也是协助永辉实现生鲜农产品标准化、精细化、品牌化的主要渠道。值得注意的是，“彩食鲜”项目要想获得良好发展，就必须有专业的冷链物流支持，而在竞争残酷的快消业中诞生的新希望“鲜生活”冷链，就具备冷链物流配送的优势。

从目前的情况来看，“鲜生活”冷链的主要客户有商超、电商、餐饮企业、冷冻食品加工厂等。对此，永辉方面透露，在生鲜冷链物流方面，还会与草根知本进行更深层次的融合。

对草根知本来说，生鲜冷链物流是一个非常重要的战略引擎，不仅贯穿了新希望农业、畜牧、乳业等全产业链，还形成了独具特色的新希望生态供应链。

随着业务板块规模的不断扩大，草根知本也获得了巨大的能量。一方面，深深“扎根地下”，聚焦于和消费者生活息息相关的快消品领域；另一方面，继续“仰望天空”，进行跨行业及产业链的资源整合，投资范围覆盖国内外。

我们可以看到，无论是永辉还是草根知本，都在积极布局产业生态链，这样做的主要目的是加快向智能零售转型的速度，从而保证自身能够长远发展。

第 7 章

营销智能化：全域推广照进现实

不管是电视广告、户外广告还是地推，传统营销方式大都采用的是“广撒网”的策略，不仅花费高，而且效率很低，很难获取有效用户。而智能化营销可以精准捕捉用户需求，将营销内容直接展示给目标用户，从而进行更有针对性的推广。

7.1 亟待解决的传统营销之殇

营销负担过重是很多企业面临的问题，这是因为传统营销方式存在诸多弊端，例如，无法精准捕捉用户核心需求、缺乏针对性、不重视用户关系管理等。这些问题使得企业投入大量资金在营销上，却很难获得成效。

7.1.1 大范围投放广告，缺乏针对性

传统营销最明显的弊端就是不能根据消费者的喜好制定营销策略，导致企业

的营销事倍功半，投入大量资金却收效甚微。从本质上来讲，广告就是企业与用户的“对话”，只有产品与用户的需求高度匹配，企业与用户才能愉快地“聊天”，投放的广告才有效。

随着互联网的出现，广告实现了在合适的时间，合适的媒体上，以合适的策略，投放给合适的用户，这彻底颠覆了传统营销的运作和思维方式，企业所面临的媒体环境也越来越复杂。尤其对于制造企业而言，传统的广告投放方式已经不适用于现在的用户，保障和提升广告效果的难度也越来越大，企业所面临的最关键问题就是投放广告缺乏针对性。

投放广告缺乏针对性是因为企业没有将基础工作做好，对受众的分析不够透彻，没能了解用户的真正需求。具体可以从以下 4 个方面说明，如图 7-1 所示。

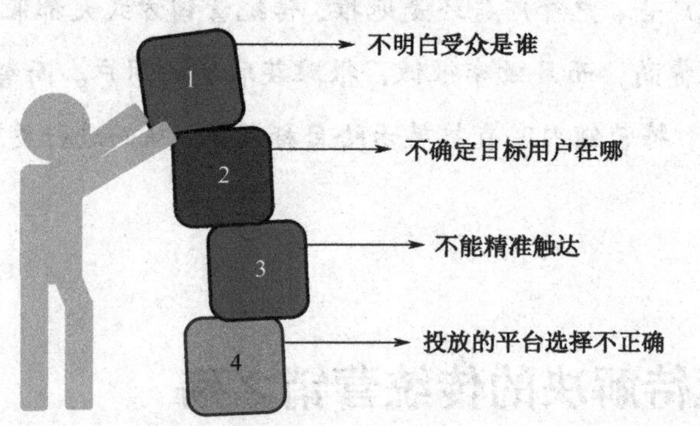

图 7-1 投放广告缺乏针对性的原因

1. 不明白受众是谁

想要投放广告，企业首先要找准受众，并针对受众提供符合其需要的产品，最终促成购买。而产品的受众与产品的核心定位息息相关，职业、年龄、受教育程度、性别、收入等因素都能对产品的核心定位产生影响。明确了受众之后，企业的广告投放才能更有价值，才会吸引目标市场的关注和认可。

2. 不确定目标用户在哪

投放广告所带来的价值，除了广告主的满意度外，还有目标用户。企业想要实现精准投放广告，就需要在了解产品特性与目标用户的基础上，根据目标用户的日常习惯与生活轨迹制定具体的广告投放策略。也就是说，要想获得有价值的广告投放，不仅要知道目标用户，还要了解他们的行为，例如，行为标签、社交偏好、活动场所等。

3. 不能精准触达

在进行广告投放时，企业可以选择地点、时间、规模和次数等，但很难精准选择广告针对哪类用户。有的时候，目标用户虽然会出现在投放广告的地点，但并不一定能看到广告与产品。有不少企业每年投入大量的广告费用，却难以实现周期内的营销目标，原因可能有两个：一是投入大量的广告费用，但没有实现精准触达目标用户；二是即使广告实现了精准触达，但没有引起目标用户的兴趣。

4. 投放的平台选择不正确

企业不可能将产品营销广告投放在所有平台上，因为这会耗费巨大的成本，而且效果也无法把控。一般来说，企业在选择广告投放平台时，要着重考虑平台和产品的匹配性。如果一个平台主要为用户提供化妆、护肤知识，那么在上面投放香水、粉底液等化妆品的广告是非常正确的选择；如果企业在该平台上投放生活用品，如卫生纸、洗衣粉等产品的广告，则很难有吸引力。

选择广告投放的平台就是在选择目标用户，企业要在瞄准目标用户的基础上，结合平台和产品的特性去进行广告投放。与此同时，企业还要把握目标用户的活跃情况，并据此决定广告要投放在哪些地方与时间段，这样才能实现精准投放。

实际上，除上述原因外，社会结构分化、受众碎片化也影响了企业广告投放的针对性。如今，社会结构呈现出不稳定、碎片化的特点，这导致企业用户调研结果的真实性较低，企业无法捕获用户的真实需求。

7.1.2 不重视用户关系管理

用户关系管理系统简称为CRM（Customer Relationship Management），通常以用户数据的管理为核心，利用现代信息科学技术实现市场营销、服务等方面的自动化，帮助企业实现以用户为中心的智能化营销。在智能制造的背景下，用户关系管理既是一种理念，又是一种技术，具有高可控性的数据库、更高的安全性以及数据实时更新等特点。

用户关系管理是提升企业核心竞争力的“助推器”。制造企业在实施用户关系管理的过程中存在着一些亟待解决的问题，其中最为重要的是缺乏信息化，具体可以从以下几点说明，如图7-2所示。

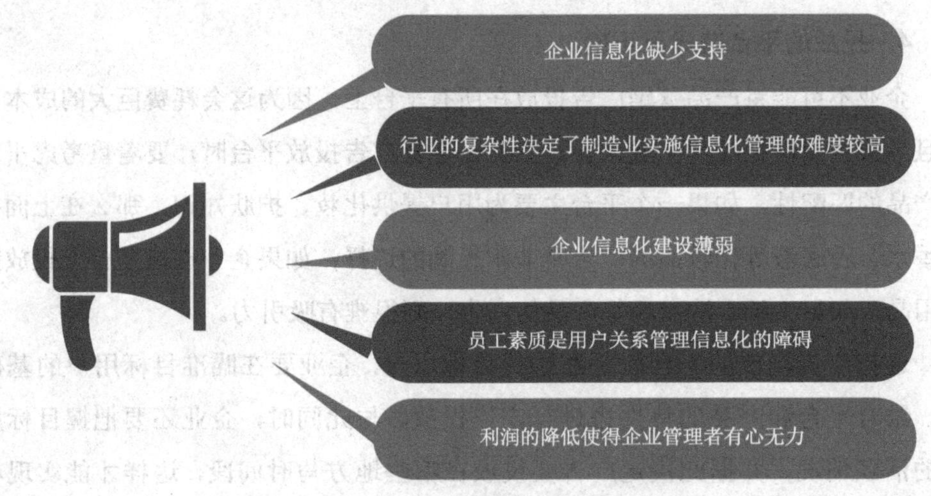

图7-2 用户关系管理缺乏信息化的原因

1. 企业信息化缺少支持

很多企业在实施信息化战略时仅由技术主管负责规划和实施，缺少高层领导和用户的支持，以及生产等业务部门的参与。另外，由于对行业的了解不足，很多企业在进行用户关系管理时，解决方案存在缺陷，给企业发展造成很大的负面影响。

2. 行业的复杂性决定了制造业实施信息化管理的难度较高

与服务业、流通业相比，制造业具有复杂性，主要体现在其面临着产品同质化严重、成本高、毛利低等问题，因此其在用户关系方面实现信息化管理的难度也相对较高。一般来说，制造企业受到的限制比较多，尤其是在制订销售计划时，会因为生产能力不足与市场变化衍生出更多的问题。

除此之外，制造企业对数据采集认识不够。数据是实施用户关系管理的基础，但现在很多制造企业对如何收集数据、保证数据质量、对数据进行处理等问题缺乏足够的认识与技术支持，难以获得自己想要的结果。

通常来说，不同技术平台上的多个系统中存储着数据，但很多企业没有将这些数据集成，从而导致不同部门发给用户的产品信息不同，让用户产生误解。解决这一问题的关键在于保证数据的质量，实现多系统、多平台的数据共享，将收集的数据存储在公共的平台上，使用户准确接收产品信息。

3. 企业信息化建设薄弱

虽然很多企业都有促进用户关系管理信息化的想法，但它们的信息化管理系统单独存在于管理体系内，彼此之间没有太多的联系。这种重复性的信息化系统的建设，既浪费资金，又对企业实现全面信息化管理造成了阻碍。

具体来看，用户关系管理系统在国内没有普及，很多企业仍然使用传统的用户关系管理方式。一些企业依旧使用不够健全的传统服务机制，很少会想到将用户关系管理系统与办公系统和运转软件（如 ERP、SCM 等）等集成起来，形成一个无缝对接闭环。

4. 员工素质是用户关系管理信息化的障碍

许多制造企业的员工，尤其是一线员工的文化水平普遍不高，他们不了解计算机技术或前沿技术，这是制造业最大的劣势。而用户关系管理的信息化需要全员参与，员工素质跟不上可能会导致用户关系管理的某一环节产生脱节。

此外，一些企业的用户关系管理未能很好地与企业文化融合。用户关系管理的核心理念是以用户为中心，这要求企业从以往的以生产为中心、以产品为中心转向以用户为中心，这个过程是漫长的。如果用户关系管理的理念与企业文化相矛盾，员工在实施过程中会产生割裂感，无法达成理想的效果。

5. 利润的降低使得企业管理者有心无力

市场竞争日益激烈、产品同质化严重、制造业遭遇互联网等前沿技术的冲击，这些因素导致产品利润降低。而市场上正规的用户关系管理系统的费用普遍很高，这就导致制造企业的管理者在实现用户关系管理信息化方面有心无力。

用户关系管理信息化能帮助企业选准目标用户，与目标用户进行最有效的沟通，持续创造价值，并不断扩大盈利。

7.2 实现营销智能化的三大技巧

如何实现智能化营销？企业可以借助 3 大技巧，包括瞄准目标群体进行搜索引擎优化（Search Engine Optimization，SEO）、借助 VR 为用户打造沉浸式体验、大数据与营销相结合。

7.2.1 瞄准目标群体进行 SEO 优化

实现智能化营销的一个有效策略是线上线下联动，打通数据，灵活地进行 SEO 优化。企业想要实现线上线下联动，就应将线上的数据保存下来，再利用线下清晰的方针、思想让目标用户更加清晰、明朗。

通过线上的数据，企业可以知道目标用户主要集中在哪里、他们的消费习惯如何，以及喜欢什么类型的产品等。企业将这些数据应用到线下，可以促使营销策略更加精准。例如，苏宁在线上成立了自己的电商网站，并将“苏宁电器”改名为“苏宁云商”，完成了线上线下营销的融合。

除了线上线下联动外，SEO 优化也非常重要。SEO 优化就是搜索引擎优化，目的是利用搜索引擎的规则提高企业在线上的搜索排名。此外，SEO 优化还可以增加特定关键字的曝光率，为企业营销创造便利条件。

SEO 优化是一种搜索引擎营销的指导思想，贯穿于网站策划、建设、维护的全过程，包括很多完整性服务，例如，简洁大方的网页模板、便捷的沟通平台、优质的产品展示版面以及有实质内容的软文撰写等。

现在，无论是线上线下联动，还是 SEO 优化，都已经成为一种趋势。所以，企业应该根据行业的特征，瞄准线上和线下的契合点，然后在原有资源的基础上逐渐过渡到线上，把 SEO 优化搞活，从而开创更多的营销机会。

7.2.2 借助 VR 为用户打造沉浸式体验

当 VR 从小众走向大众时，这项技术会渗透到制造业中；而当 VR 遇到营销时，这项技术又会以超强的虚拟体验冲击着用户的中枢神经。很明显，VR 正在势如破竹地改变营销模式，具体可以从以下 3 个方面进行说明，如图 7-3 所示。

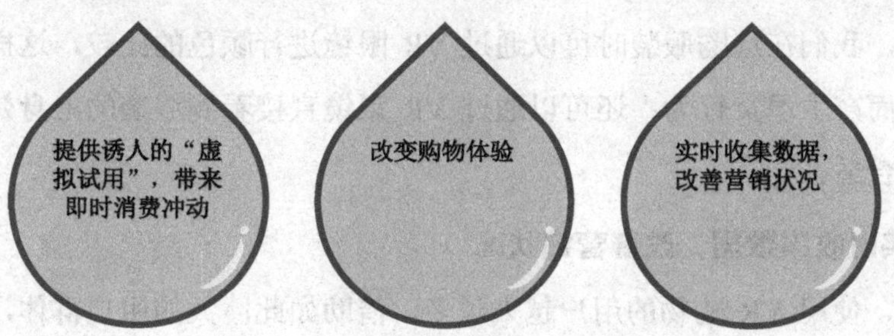

图 7-3 VR 改变营销模式的 3 个途径

1. 提供诱人的“虚拟试用”，带来即时消费冲动

营销的本质是刺激用户产生购买行为，但很多营销手段还不能实现这一目标。如果能够借助 VR 营造虚拟体验，例如，向用户解释一些比较复杂的技术，让用户远程参观产品的产地、生产线等，就能更有效地说服用户，进而促成交易。

亿滋国际利用 VR 为其旗下品牌进入我国市场打造了一个名为“失物招领”的宣传广告。该广告以虚拟的小镇 Lilaberg 为背景，致力于为观看的人创造舒适的感觉。所以观看结束以后，人们能够铭记这个广告，也愿意为里面的产品消费。

2. 改变购物体验

VR 正从各个视角为用户提供前所未有、近乎真实的购物体验。2016 年，阿里巴巴成立 VR 实验室，并发布了一项“Buy+”计划。该计划通过 VR 来搭建异地购物场景，从而帮助用户实现足不出户买遍全世界的愿望。

使用“Buy+”后，即使用户身在国内某个城市的家中，只要戴上 VR 眼镜，进入 VR 版淘宝，就可以随意选择购物地点，如纽约第五大道、英国复古集市等，获得身临其境般的购物体验。

目前，线上购物的退货率在 30%左右，服装占据其中的 70%。在服装销售中，色差、尺码不合适等问题困扰着买卖双方，而 VR 购物就可以解决这些痛点。

通过对产品的 3D 渲染，VR 能最大限度地将产品的真实情况呈现给用户，方便用户在短时间内更直观地搜索查看所需产品，这可以极大地提升用户的消费体验。例如，我们在选购服装时可以通过 VR 眼镜进行颜色的比较，这样就不会因为色差大而产生退货行为；还可以通过 VR 眼镜直接看到服装的上身效果，判断尺码是否合适。

3. 实时收集数据，改善营销状况

现在，使用 VR 购物的用户越来越多，借助如此巨大的用户群体，企业可以及时收集并分析相关数据，然后快速调整营销策略。假设一项 VR 营销项目的效果并不理想，那么企业就可以根据反馈数据，快速制定新的方案，以迎合用户的

实际需求。

VR营销最典型的案例莫过于星巴克。星巴克借助VR的“扫一扫”功能，让用户充分了解“从一颗咖啡生豆到一杯香醇咖啡”的故事，从而获得一场沉浸式的咖啡文化体验。用户的消费体验得到升级，他们就更加喜欢星巴克的各种产品。

VR能够为企业构建诸多消费场景，例如，借助VR，用户能够瞬间进入“客厅必买清单”“旅行常备装备清单”以及“家庭必备药物清单”等多元的场景。由于场景精准，用户购买这些产品的概率也会增加许多。

为了使营销效果最大化，VR要消除线上线下营销的隔阂，打造无缝连接的消费体验。只有这样，用户的消费体验才会更好，流量的传播转化作用也更显著。可以说，VR的出现让营销有了无限可能性，一个全新的营销体系正在被建立。未来，任何领域的企业都可以找到适合自己的形式进行VR营销，实现真正的技术跨界。

7.2.3 大数据与营销相结合

传统营销方式的效果会受到时间、空间、受众群体等因素的影响，而在大数据时代，大数据与营销相结合可以产生新的优势，实现更精准的广告投放。

大数据营销是指依托于多平台的大量数据与大数据技术应用于制造业的营销方式。大数据营销的核心在于在合适的时间，通过合适的载体，以合适的方式，将广告投放给合适的人，从而给企业带来高回报。想要实现精准广告投放，企业就要选择特定的目标用户和区域，采用文字、图片、视频等形式，精准地将广告投放给用户。

利用大数据精准投放广告是信息社会特有的营销方式，海量数据分析能精准判断用户属性和行为模式，使广告投放有清晰的目标和实现的基础。数据孤岛是限制大数据发挥最大价值的阻碍，例如，广告营销开展得风生水起，却没有直接激发用户的购买行为。

惠普商用打印机的成功营销正是由于广告的精准投放，有效激发了用户的购买行为。借助“京腾智慧”，腾讯将单个用户的娱乐、社交、资讯等数据与电商购物数据完美对接，为惠普挖掘、匹配了160万潜在购买人群。

在潜在购买人群比较多的平台上，惠普根据用户的习惯，以原生广告的形式实现与用户的对接。用户点击广告后，就被无缝引流至电商网站，从而实现一键完成购买。相关数据显示，惠普此次广告的点击率超过行业均值3.7倍，为惠普带来了产品浏览量和销量的双重增长，实现了营销信息与用户购买行为的无缝对接。

影响广告精准投放的一个重要因素是用户画像。积累的数据越多，机器学习与预测模型越准确，广告投放就越精准。目前一些原生广告平台不但能从地域、设备类型、系统类型、网络类型等方面进行定向、精准的投放广告，还可以通过为移动 App 设置大量偏好标签进一步优化广告投放的效果。

企业利用大数据精准投放广告的前提是给用户打标签，根据不同属性将用户分类。最常见的方法是通过 IP 或浏览、搜索行为对用户的购买可能性进行判断。例如，一位用户在一段时间内搜索过母婴产品，广告营销平台就会默认这位用户在一段时间内对母婴产品有需求。

精准投放强调广告的本质：对正确的人，以正确的方式，说正确的话。这3个“正确”是保障广告效果的核心。以往我们通过科学的手段探知并把握用户需求，进行市场预判，通过大众媒体实现全面覆盖。而新的营销框架以大数据技术为基础，精细化管理广告投放，从而为准确实现3个“正确”带来可能。

如何找到正确的人？在现实生活中，每个人都是有个性、有名称的个体，企业通过用户的特征能对其进行准确识别；在网络世界中，每一个用户都被标签化，即企业通过大数据技术将姓名、年龄、性别、生日、喜好、经历等属性以及其他属性结合在一起，塑造出一个能够识别的虚拟用户，这个虚拟用户与现实中的用户一一对应。

在大数据时代，广告不再是简单地传递给用户就算实现了精准投放，而是要通过大数据技术，进行分析预测，根据个体的喜好和要求，专门量身定制。大数据技术能对碎片化的广告市场进行更精准、更客观的测量，让广告变得“聪明”、精准，让广告主获得有效的价值传播。

7.3 案例分析：跟着其他企业学习智能化营销

企业可以参考一些知名企业智能化营销的案例，不断积累经验。下面介绍奥迪借助 VR 为营销工作赋能以及海尔依托线上和线下做互动式营销的案例。

7.3.1 奥迪：借助 VR 为营销工作赋能

奥迪在借助 VR 开展营销活动时，基本上围绕着 3 个阶段进行：研发、生产与销售。其中，在研发和生产阶段，VR 大多被工程师与设计师使用，通过该技术强大的呈现和模拟能力来简化流程；在销售阶段，则是为了带给用户更为直观的感受。

奥迪对 VR 的开发与应用也围绕着这 3 个阶段。在 2015 年以前，奥迪就发布了用 VR 眼镜选车、看车的技术；几个月后，奥迪又推出 VR 装配线校验技术，使工人能在 3D 虚拟空间内对实际产品装备进行预估和校准；之后，奥迪又宣布将使用 HTC Vive 让用户能在虚拟现实环境中完成试驾。

奥迪最早推出的 VR 眼镜用于经销商选车、看车，该 VR 眼镜一共有两款：Oculus 和 HTC。随着 VR 技术的发展，VR 眼镜的成本不断降低，但支持这套系统运行的电脑成本很高，大概在 1 万欧元以上。而且场景越大，对图形处理和整体系统性能的要求就越高。

目前，VR眼镜模拟了奥迪旗下的50种车型，除了在售车型外，用户还可以看到博物馆里面存放的一些古董车型。戴上VR眼镜以后，用户不仅可以360°全方位地看车型，还可以走近看汽车的内在。内在不单指内饰，还包括被车身覆盖件遮挡住的发动机、内部结构和传动系统，甚至刹车盘的细节。但要实现这个效果，奥迪研发部门必须提供所有车型的数据。

奥迪将可以戴着VR眼镜开的车称作Virtual Training Car。司机戴着VR眼镜坐在驾驶座，正对着驾驶座的后排座椅靠背上安装着VR眼镜追踪器，用于追踪司机头部所在的位置，以及左右摆动情况。VR眼镜中有正确的画面，画面可以随着头部的摆动而转换场景。

除VR眼镜和追踪器外，车里还新增了很多设备，包括实现虚拟现实场景的电脑主机及供电设备；用于车辆精准定位、根据速度和方向盘角度感知车辆变化的车辆定位追踪器；安装在副驾驶前方的操作板等。

当司机戴着VR眼镜时，需要有一位操作员坐在副驾驶座通过操作板控制系统的开启，操作板能同步显示司机在VR眼镜里看到的场景。与此同时，操作员还要关注现实世界的情况，在出现紧急事件时帮助司机按下电子手刹键。

与动力系统不同，驾驶辅助系统的场景很难模拟，而且很多并不会在常规驾驶状况下生效，非常容易产生危险。设立一个操作员来掌握刹车，限制车速和保证试驾区域的空旷，都是保证安全的方式。

VR眼镜还有一个作用是培训经销商，奥迪认为，经销商在向用户介绍车时，亲身经历会更具有说服力。相关资料显示，VR眼镜投入使用两个半月左右，就有5 000余人进行过体验，而且没有出现安全问题。如今，VR眼镜并不是非常完善，奥迪还在考虑如何去模拟更多的场景，以及如何提升画质等问题。

奥迪之所以开发VR眼镜，是为了让用户能更直观、更方便地在经销商处看车。由于只有VR眼镜，所以目前的技术还只能看不能摸，未来，奥迪会配套可以直接上手操控的虚拟手套，以实现自主更换配置。

除了 VR 眼镜外，虚拟现实桌（Virtual Training Table）也让奥迪大放异彩。虚拟现实桌由一张桌子和一个显示屏组成，桌子是主控台，显示的是上帝视角，即从外部去看功能如何实现；显示屏则是第一视角，即从司机位置感受功能如何实现。

虚拟现实桌下面有 24 个摄像头，用来观察桌子上有什么，以及这些物体的具体角度变化，同时还安装了每项驾驶辅助系统的中央控制单元。例如，A8 上的矩阵式头灯与虚拟现实桌结合在一起，当转动桌子上的车模时，显示屏上可以显示出头灯的变化情况。

另外，通过虚拟现实桌，奥迪可以精准地向用户介绍车的功能，并为用户模拟出想要的场景。可以说，在 VR 眼镜和虚拟现实桌的助力下，奥迪的服务质量有了进一步提升，用户可以享受到兼具场景、感知、美学的消费新体验。

7.3.2 海尔：依托线上和线下做互动式营销

出于实现智能营销的需要，海尔建立了 SCRM（Social Customer Relationship Management，社交化用户关系管理）会员大数据平台，该平台的主要运营商是美国科技企业 Acxiom。SCRM 会员大数据平台有着严格的用户隐私保护与数据安全规范，获取的数据来源于用户在网上发表的公开信息，以及注册海尔会员时自主填写的信息。海尔通过分析这些数据来预测用户需求，优化用户体验。

SCRM 会员大数据平台以用户数据为核心，是海尔唯一的企业级用户数据平台。SCRM 会员大数据平台拥有超过 4 000 万的用户数据，拥有超过 3 亿个用户标签，以及 10 个以上的数据模型。基于 SCRM 会员大数据平台，海尔在不断探索移动互联网时代的大数据精准交互营销，并顺势推出“梦享+”社交化会员互动品牌。

海尔提出了“无交互不海尔，无数据不营销”的理念。SCRM 会员大数据平台的交互营销活动主要有 4 项内容，如图 7-4 所示。

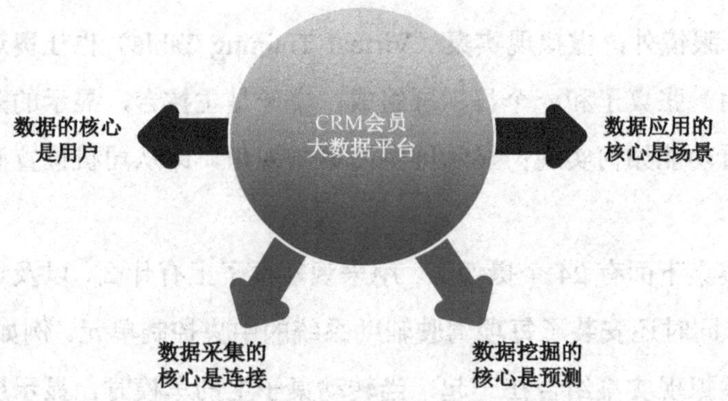

图 7-4　SCRM 会员大数据平台的主要内容

1. 数据的核心是用户

结清尾款不是交易的结束，而是交互的开始。海尔要研究的是用户需求，SCRM 会员大数据平台的核心也是用户。因此，SCRM 会员大数据平台打通 8 类数据，深入分析用户，了解用户的需求和喜好，并据此设计和生产产品。

“梦享+”是海尔的上层会员平台，可以产生很多数据，这些数据被储存在 SCRM 会员大数据平台上。对于海尔来说，除了会员数据外，产品销售、售后服务、官方网站以及社交媒体等方面的数据也非常重要。

SCRM 会员大数据平台目前存储了 1.4 亿用户数据，海尔对这些用户数据进行了清洗、融合和识别。通过用户数据，海尔利用数据挖掘技术，预测用户什么时候需要购买家电，进行精准营销。同时，海尔还可以了解到哪些用户比较活跃，重点满足他们的需求，实现交互创新。

2. 数据采集的核心是连接

数据不等于有价值的信息，只有连接之后，二者才可以实现转化。海尔以用户数据为核心，全流程连接运营数据、社交行为数据、网络交互数据。通过这样的连接，海尔把分散在不同系统中的数据进行融合和清洗，最终识别每个用户，获得用户的姓名、电话、年龄、住址、邮箱、所需产品等信息。

SCRM 会员大数据平台还获取用户在网上的行为数据，进行全网识别，生成

360°用户视图，为用户打上数据标签。海尔已经连接 1.4 亿线下实名数据、19 亿线上匿名数据，生成的 360°用户视图的标签体系包含 7 个层级、143 个维度、5 236 个节点。

3. 数据挖掘的核心是预测

数据挖掘的核心是预测，即预测用户接下来会有什么行为、有什么需求，或者对已有的产品、方案有什么更新需求。海尔经过数据融合、用户识别，生成数据标签，建立了数据模型，用量化分值定义用户潜在需求的高低。

4. 数据应用的核心是场景

数据的灵魂是应用，而应用的核心是场景。场景分为线上场景和线下场景两种，线上场景包括上网浏览、电商购物、线上社交等；线下场景有居家生活、实体店购物、电话交流等。无论用户出现在哪一个场景中，海尔都需要满足用户真正的需求。

海尔的 SCRM 会员大数据平台应用逐渐走向产品化、常态化。为了开展线下精准交互营销，SCRM 会员大数据平台还开发了两款产品：海尔营销宝和海尔交互宝。它们的主要作用是帮助设计师和研发人员更全面地了解用户需要、受欢迎的产品特征、用户兴趣分布以及可参与交互的活跃用户等信息。

第8章

服务智能化：维护客户关系的秘诀

在一个日益数字化的商业世界中，传统的维护客户关系的方法严重阻碍企业的发展，影响企业经营效率的提升。企业需要积极思考智能化服务的解决方案，例如，利用人工智能实时分析语音和文本，快速回复客户等。服务智能化升级不仅可以给用户带来更好的体验，还可以让员工从耗时的重复性工作中解脱出来，从而发挥创造性思维，找到解决问题和客户支持的更优方案。

8.1 服务智能化需要哪些技术

企业要想实现服务智能化，离不开对高新技术的应用，包括云计算、信息与通信技术、虚拟化技术等。

8.1.1 云计算：助力企业打造用户画像

云计算可以在短时间内对数以万计的数据进行处理，从而为企业分析用户行为数据、建立用户画像、实现智能化精准服务提供帮助。

用户画像描绘的是一种泛化的用户特点，它包括真实的和潜在的用户特点。用户画像可以帮助企业更好地了解客户，以便在各种业务中做出更好的决策。

用户画像一般包括以下几种元素。

（1）头衔。企业需要创建一个合适的头衔，将一组用户进行精简概括，例如创新者、“发烧友”等，从而表明他们是怎样的一群用户。

（2）基本资料。企业要对用户的基础信息加以了解，包括年龄、所在地、教育程度、收入等，以便对他们进行基础的区分。

（3）态度。企业要明确用户对产品或服务的态度，包括他为什么对产品感兴趣、在寻找什么解决方案等。企业可以通过访谈、调查问卷、评论收集等形式了解用户对产品的态度。

（4）个性。企业要知晓用户心理，包括他的性格、情感倾向等，这在设计交互体验时非常有用。

（5）个人简介。企业要为目标用户总结一句话的简介，包括背景、生活方式、态度和行为习惯等内容，以便团队可以更快地了解用户。

（6）用户目标。企业要明确用户希望通过产品实现什么目标。

（7）任务。企业要列举出为了帮助用户达成目标，需要完成的事项。

（8）痛点。企业要明确是什么因素阻止了预期目标的实现，以及当前解决方案存在的问题，这是打磨产品质量的关键。

（9）动机。企业要明确促使用户采取行动的因素。

（10）渠道。企业要明确自己在哪里能接触到目标用户。

与粗放式的传统用户画像相比，基于云计算技术绘制的用户画像能够更加精细地划分市场，实现精确定位、场景化推送、个性化服务。针对上述10个元素的细微差别，企业借助云计算技术能够建立千人千面的用户信息库，实现高效精准化服务。

8.1.2 信息与通信技术：加速服务模式创新

ICT 是信息技术与通信技术融合而形成的一个新的概念。随着云计算、大数据、人工智能等前沿技术的发展，ICT 成为最为活跃的领域之一。ICT 与实体经济融合，可以加速驱动社会和传统行业转型升级。

不同于之前产品与用户、企业与企业之间的低互动性，ICT 正在重新定义产品的交付形态，延伸产品的智能服务功能与智能互联范围。如今，企业交付给用户的不仅仅是硬件产品，还包括软服务，依托产品的智能感知与联网功能，企业还可以进一步提供增值服务。

产品智能互联有 3 个层次：能被监测，了解产品的运行和使用情况；可远程服务和维修；能自主运作和感知周围环境，快速做出反应。

青云是一家技术驱动的企业级云服务商和云计算整体解决方案提供商，是国内云计算领域少有的自研核心架构的云平台服务商。青云 CEO 黄允松表示，青云始终致力于企业级 IT 和 CT 的创新及变革，目前正在构建一个更全面、更一体化的整体 ICT 交付体系，涵盖计算、存储、网络等全面的资源层，以及完整的骨干网服务，并通过 App Center 完成面向用户需求的应用与功能交付。

青云不断提供最坚实的底层技术支持，努力推动合作伙伴之间的再整合，并持续增加服务生态建设的投入，联合更多合作伙伴推广企业级应用的开发与交付市场，为企业提供更多贴近业务场景的应用与综合解决方案。

青云推出的光格网络延续了其提供公有云服务时的精髓：秒级调度和灵活资源调配。光格网络全方位覆盖企业的广域网需求，实现企业在云端、数据中心和企业分支三者之间的任意互联。

另外，光格网络还结合青云的产品与服务，轻松实现混合云组网，将 IT 和 CT 以全新的方式融合在一起，重新定义 ICT，将一键式交付、秒级计费的新理念带入云端和终端，为用户提供更加便捷、高效的云网一体化服务。

光格网络在我国刚起步不久，还有很多业务场景尚未出现。因此光格必须有自主研发的能力，才能为用户定制更多好的应用场景。而这正是青云的强项，可以从云网端一体化的角度，给用户提供广域网连接服务。

对制造业而言，在ICT广泛应用的基础上，围绕人工智能、大数据和云计算等技术，提供预测性维修和主控式创新服务是很好的转型方向。

8.1.3 虚拟化技术：让用户享受极致体验

近些年来，越来越多的企业开始应用AR和VR，之所以会出现这样的情况，主要就是因为这两项技术可以提升用户的消费体验，从而帮助企业招揽更多的“生意”。对于AR和VR，一些专家认为，AR更适合改变用户消费体验，而VR则更适合辅助企业。实际上，这种观点是比较有道理的。下面先具体讲解AR是如何改变用户消费体验的，主要包括以下3个方面，如图8-1所示。

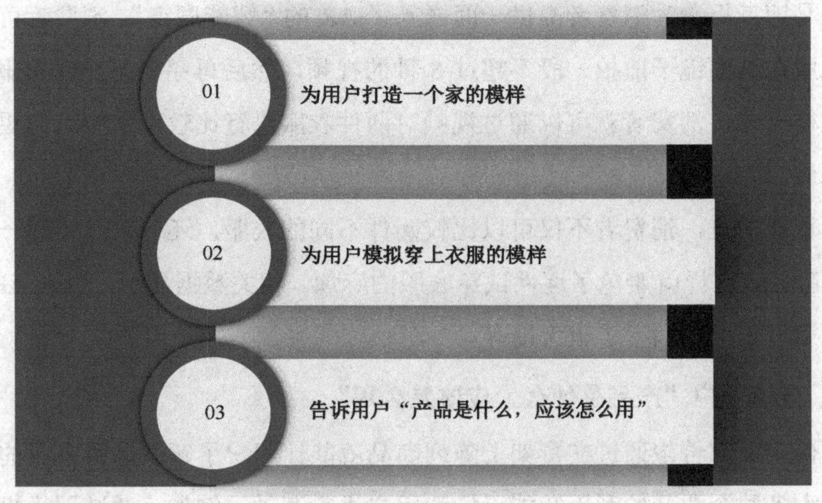

图8-1 AR改变用户消费体验的3个方面

1. 为用户打造一个家的模样

在AR应用方面，“AR+家居”是非常重要的一环，就像乙方在提案时必须将所有图片“PS”到甲方的现实使用场景中那样，用户也想看到自己购买的家具放在家中究竟是什么样子的，而不希望只是靠自己凭空想象。

一般来说，AR可以让用户看到新家具放在家中的真实模样，帮助用户决定家具应该放在家中的哪一个位置。在这一方面，宜家（IKEA）和Wayfair做得非常不错，这两个家居企业都引入了AR，以便为用户模拟家具摆放的真实场景，使用户的消费体验得到了极大提升。

2. 为用户模拟穿上衣服的模样

在购买衣服的时候，用户最先想到的问题一定是“我穿上这件衣服会是什么样子”，而AR就可以帮助用户回答这一问题。所以，要想让用户获得好的消费体验，企业就应该尽快引入AR。除了服装外，化妆品、配饰、鞋帽等产品也可以通过AR让用户提前尝试。

曼马库斯百货为消费者提供一面嵌入了AR的“智能魔镜”，消费者可以穿着一件衣服在这面镜子前拍一段不超过8秒的视频，然后再穿上另一件衣服拍摄视频。这样一来，消费者就可以通过视频对两件衣服进行比较，从中选出更加满意的那一件。

更重要的是，消费者不仅可以比较两件不同的衣服，还可以比较同一件衣服的不同颜色，这样就避免了逐件试穿衣服的麻烦。相关数据显示，引入AR以后，曼马库斯百货的盈利有了很大提升。

3. 告诉用户“产品是什么，应该怎么用”

任何企业都希望通过在货架上陈列商品就能让用户了解并购买自己的产品。因此，大多数企业开始利用智能手机和用户进行互动，例如，通过用手机扫描二维码的方式，让用户得到产品的详细信息并了解其用法。

在星巴克上海烘焙工坊中，消费者可以通过淘宝 App 的“扫一扫”功能和

AR 技术，观看烘焙、生产、煮制星巴克咖啡的全过程。不仅如此，消费者还可以真切地感受到星巴克工坊中的每一处细节。对此，星巴克相关负责人表示，希望能够通过 AR 这种新互动形式，让年轻人体验、深入了解咖啡文化。

该 AR 方案是由阿里巴巴人工智能实验室和星巴克联合开发的。阿里巴巴的工作人员指出，这次合作是 AR 室内大型物体识别技术在全球范围内第一次大规模的商业应用。由此来看，在引入 AR 的过程中，企业完全可以借助外部的力量，不一定非要闭门造车。

VR 对企业的辅助主要体现在以下两个方面，如图 8-2 所示。

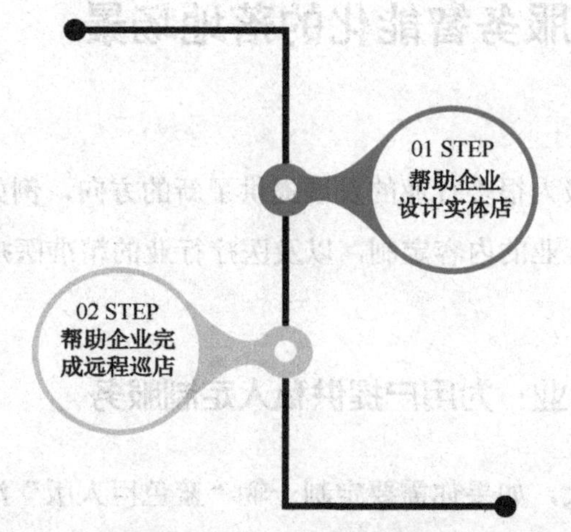

图 8-2 VR 对企业的辅助

1. 帮助企业设计实体店

对于企业而言，设计实体店是一件非常麻烦的事情。不过，自从 VR 出现以后，企业不仅可以实现实体店设计的可视化，还可以实现用户流动线的可视化。在这种情况下，企业就可以更加顺利地完成 A/B 测试，以选出最优设计方案。

2. 帮助企业完成远程巡店

VR 的第二个作用是帮助企业完成远程巡店。具体来说，企业的管理层只需要坐在办公室就可以完成虚拟巡店，而且还能掌握产品的实时销售情况。

对于AR和VR这两项技术，互联网商业顾问叶志荣认为，VR更多的是一个过渡技术，因为VR对空间以及设备的需求很高，普通用户不会对它买账，且长时间佩戴VR眼镜还会产生眩晕感，所以未来AR可能才是影响消费的主导技术。

实际上，无论是AR还是VR，都有非常重要的作用。因此，即使VR可能要比AR略逊一筹，企业也应对其给予足够的重视。

8.2 盘点服务智能化的落地场景

服务智能化升级为很多行业的发展提供了新的方向，例如，汽车行业的私人定制服务、新媒体行业的内容定制，以及医疗行业的精准医疗等。

8.2.1 汽车行业：为用户提供私人定制服务

在智能制造时代，如果你需要定制一辆“蓝色巨人版”汽车，就可以打开手机上的智能汽车App，大到底盘高低、小至汽车坐垫，都可以自己设置。如果你是一个崇尚简约的人，那么只需要点击“简约”模块，就可以得到一系列简约的汽车定制方案。

现在是“私人定制”时代，每一位用户都希望自己所拥有的产品与别人的不同。现在一些优秀的汽车生产厂家已经可以做到多种车型按需混合生产，即生产出来的每台汽车都是有差异的。

企业如何才能做到“私人定制”呢？既然每一台汽车与其他汽车都不同，那就要从汽车设计的标准化、平台化和模块化做起，一个环节出错，所有流程都会被打乱。在智能工厂的生产线上，尽管要生产的车型不一样，但是所有承载车身的工装是一致的，即不同的车型完全可以通过一条生产线实现生产。

由于用户需求具有多样性，因此生产线必须具备个性化、小批量的特征，这时就需要引入标准化生产模式。混合生产的标准化要求企业对细节进行严格把控。在生产过程中，只要把握住不同汽车的所有关键尺寸，就能实现混合生产。

平台化和模块化为小批量混合生产提供可能。例如，生产两种不同型号的保时捷可以共用同一条生产线，因为它们装配时大部分的模块是通用的。这样既可以通过模块的选择和搭配来生产差异化的汽车，又可以让模块的数量大大减少。

定制化的本质就是按需生产。在定制化的生产模式下，用户的选择多种多样，物料必须按需供应，否则就会导致浪费。丰田在物料控制方面做得十分出色，我们可以借鉴参考。

准时生产（Just in Time，简称 JIT）模式由丰田提出，宗旨是："在需要的时候，按需要的量生产所需的产品"。这意味着必须通过生产控制，建立无库存，或库存最小的生产系统。在生产汽车时，丰田将所需的工序从最后一个开始往前推，由此确定前面一个工序的种类，并依次安排生产流程。此外，丰田还会根据每个环节所需的库存数量和时间先后来安排库存，最终实现物料在生产流程上毫无阻碍地流动。

要实现混合生产模式下的准时生产，企业就必须按照准时生产模式进行物料控制。为了满足个性化、多品种的生产需求，企业要将需要的物料一对一地事前准备好。这样当一个新订单产生时，系统就能用极短的时间做好物料安排，然后通过物流将所有的物料整合在一起。

尽管这些物料分散在不同的地方，但最终会在一辆车上"相遇"。对物料进行控制需要通过系统精确计算，并对生产进度随时跟踪，以将所有物料按照订单要求准确组装。值得一提的是，丰田对于物料送达的时间有详细的规定，目的是保证每辆车的生产进度不受影响。

当然，如此高效的混合生产需要系统性的规划、设计、开发和实施，这就需要企业付出相应的成本。有些工厂在生产系统方面的投入超过百亿元，尽管如此，也不能确定复杂的生产流程万无一失。为了实现万无一失，企业对供应和生产流程进行仿真设计必不可少。

例如，丰田的生产流程采用了仿真设计，并进行大量的测试，以保证汽车的质量。当测试出现异常时，工厂随时对汽车进行改进。此外，在物流和生产线的设计上，丰田反复研究，以期找到最优的解决方案。

如此巨大的研发成本，如此精准的私人定制汽车，最终生产出来的汽车的价格会很高吗？答案是否定的，甚至还会低上30%。随着智能制造时代的到来，无线射频、影像识别、机器人等都会在工厂里出现，工厂与用户可以直接对接，省去销售和流通环节，用户所购买的产品其实会便宜不少。

不仅如此，工厂还为用户节省了时间。现在，用户可以通过淘宝、京东等电商平台实现与工厂的对接。而在智能制造时代，这类平台会慢慢消失，因为智能工厂可以对定制产品给出一个更低的价格。用户在手机App上定制自己的汽车时，可以直接越过电商平台，在时间上、物流成本上都占据优势。在这个“省钱就是赚钱”的时代，能让用户多赚钱的产品更能得到用户的喜爱。

8.2.2 新媒体行业：根据用户的喜好设计内容

20世纪90年代，英国BBC播出了迷你电视剧《纸牌屋》，也就是老版的《纸牌屋》。多年以后，导演大卫·芬奇（David Fincher）拿着《纸牌屋》的改编剧本，在美国到处寻找合作者，但没有人可以肯定一部20年前的老剧投入市场后还可以赚钱。

最后，Netflix接了剧本，随即展开了“电视剧消费习惯数据库”的调查分析。调查结果显示，老版《纸牌屋》的用户群、大卫·芬奇和凯文·史派西（Kevin Spacey）3个元素有高度的重叠区域。也就是说，如果重拍《纸牌屋》，并且由大卫·芬奇执导、凯文·史派西主演的话，效果一定不会很差。于是，Netflix用1亿美元买下《纸牌屋》版权。

因此，Netflix 拥有了两年的《纸牌屋》独家播放权，在这两年内，用户只能在 Netflix 上付费观看。大投入制作重拍的《纸牌屋》是 Netflix 第一部自制剧，制作期间，Netflix 给予导演和剧组足够的自由和创作空间，开播以后备受关注，取得了非常不错的收视率。

Netflix 的《纸牌屋》能够一炮打响有众多原因，其中，精准的大数据分析为其成功奠定了基础。下面我们从 3 个方面对《纸牌屋》的成功做详细分析，如图 8-3 所示。

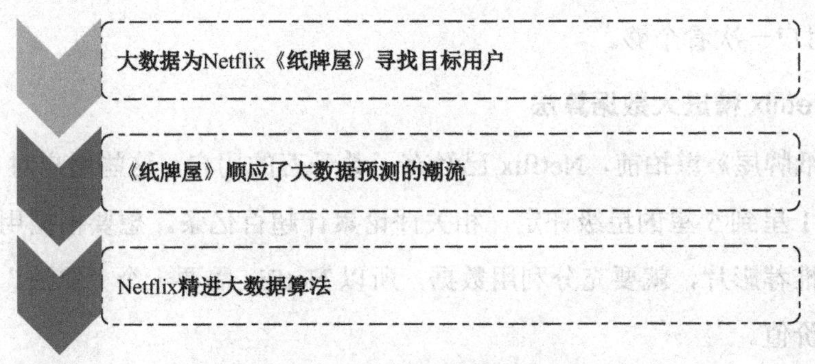

图 8-3 《纸牌屋》能够成功的 3 个原因

1. 大数据为 Netflix《纸牌屋》寻找目标用户

订阅用户登录 Netflix 账号后，Netflix 后台会把用户的位置、设备等数据自动记录下来。同时，Netflix 还把用户每一次的播放、暂停、回放、停止或评分等观看视频时的动作作为一个记忆单位记录下来，用户点击收藏和推荐到其他社交网络的行为也会被记录下来。

另外，用户每天会给出超过 390 万个评分、产生几百万次的搜索请求，询问剧集播放时间和其他信息，所有这些信息都会在 Netflix 的后台形成记忆代码保存起来。

传统的收视率统计一般只抽取数千个样本，而《纸牌屋》的数据库中包括 Netflix 多年来积累的数据资源。Netflix 的后台不能明确每一个用户为什么会产生这样或那样的动作，但可以通过用户几千万次的行为明显看出其中的规律。这也就可以解释老版《纸牌屋》的用户群、大卫·芬奇和凯文·史派西3个元素为什么会有高度重叠的区域了。

2.《纸牌屋》顺应了大数据预测的潮流

在大数据应用还不是非常广泛的时候，Netflix除了在对导演和主演的选择上顺应了大部分用户的偏好外，在播放形式方面，Netflix使用大数据对用户习惯进行了分析。结果显示，很多用户并不喜欢传统连载美剧每周播放一集的惯例，也不喜欢在固定时刻守在电视机或电脑前。于是，Netflix一次性播放13集《纸牌屋》，让用户一次看个够。

3. Netflix精进大数据算法

在《纸牌屋》重拍前，Netflix已经有了数千万的用户，这些用户对Netflix的影片给出1星到5星的星级评定，相关评论累计超百亿条。想要根据用户偏好给用户精准推荐影片，就要充分利用数据，所以Netflix需要一个“算法”将数据转化为商业价值。

随着用户的增加和现实需要，Netflix认为有必要精进网站的算法。按照一般思路，如果Netflix要精进算法，可能会雇用新的软件设计人员，改进已有的Cinematch系统，或者开发新的系统。但Netflix采取了一个两全其美的办法，那就是拿出百万美元来组织数据建模比赛。一方面，Netflix想通过比赛改善自己的网站；另一方面，通过比赛进行宣传和营销，传播Netflix的企业文化并提高Netflix的品牌辨识度。

Netflix的算法比赛规定，任何个人或团队只要把Netflix现有电影推荐算法Cinematch的准确率提高10%就可以拿到百万美元奖励。比赛公布后的两周内就收到169个方案，30天后就收到超过1 000个方案。比赛持续了3年时间，其间共有186个国家的4万多个团队参加了比赛，不断有人接近10%的目标，然后不断被其他竞争者打败。

为什么这场比赛会持续这么长时间？在Netflix最初公布比赛的时候，很多人都认为这个问题并不难，10%的准确率很好提升，每位参赛者似乎都认为百万美元大奖唾手可得。在比赛开始后的几个月时间内，很多参赛者把 Cinematch 的准确率提高了 5%；一年多以后，有参赛者将 Cinematch 的准确率提升了 9%。但事实证明，最难的是最后那 1%。

不断有参赛者突破那 1%，但都不是非常完美。为此，许多之前的参赛者自愿重组，再次向那 1%发起挑战。最终，一个名为 BPC 的七人团队获得了总冠军，这七人分别来自之前参赛者中成绩最靠前的顶级团队。

这次算法比赛的最大赢家非 Netflix 莫属，3 年时间只用了百万美元就获得了世界级的科研效果，让 186 个国家的 4 万多个团队贡献自己的智慧，帮助自己解决难题。Netflix 把世界上最聪明的人聚集到一起，采用最优秀的解决方案，却只需要支付给他们少量的“工资”，要知道，Netflix 每年有数亿美元的收入。

另外，由于这场比赛前所未有，奖金高达 6 位数，所以吸引了众多媒体记者的跟踪报道，纸质媒体和新媒体也都在卖力宣传。所以，Netflix 没有支付高额的广告费用就收获了极其显著的宣传推广效果。Netflix 在这 3 年间也在全球范围内网罗了一大批计算机、数学、心理学等方面的天才。

Netflix 应用大数据指导《纸牌屋》的导演和主演进行角色定位，同时采用符合用户观看习惯的播放形式。在大数据算法改进上，Netflix 也创新性地用竞争模式吸引全世界科研人才的目光。这一系列的动作，为《纸牌屋》后来的巨大成功提供了技术支持和人才保证。

8.2.3 医疗行业：大幅度降低误诊率

总体来说，智能服务的应用前景非常广阔，其中包括在医疗行业中的应用。在医疗领域，误诊的危害非常大。诊断的目的是确定疾病的真实情况，然后采取有针对性的治疗措施，使患者恢复健康。在临床研究过程中，因主客观因素而出现的不及时、不全面以及不正确的诊断都叫误诊。

误诊主要分为责任性误诊和技术性误诊，产生的原因大致有以下 3 个，如图 8-4 所示。

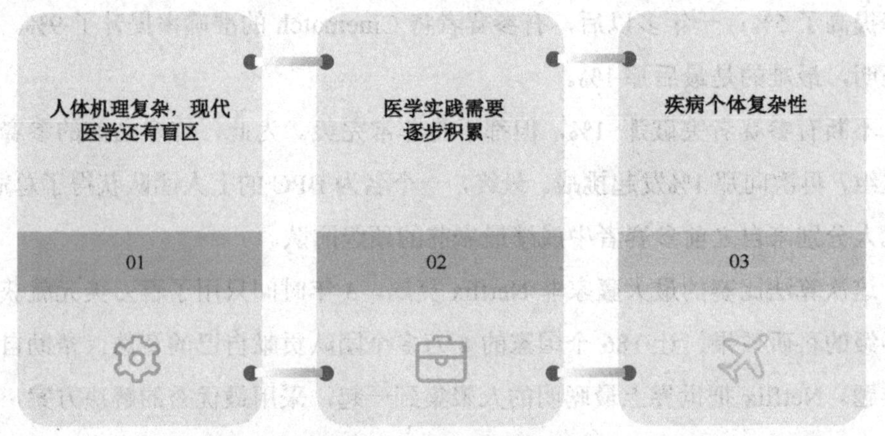

图 8-4　误诊的 3 大原因

一是人体机理复杂，现代医学还有盲区。虽然现代医学发展迅速，但由于人体机理的运行机制非常复杂，医疗水平还远没有达到完全识别和控制的水平。所以，医生能够对症治疗的疾病比较有限。

二是医学实践需要逐步积累。医学是一门经验科学，经验丰富的主任医师都是在对病例的不断积累中成长起来的，这个过程中不可避免地会发生误诊、漏诊。医院要建立严格的规章制度和防范措施，避免发生严重不良后果。实际上，正面经验和负面教训都值得医生学习。

三是疾病个体复杂性。目前，人类对很多疾病的本质仍不清楚，也很难彻底了解各种病毒或病菌在人体内的繁殖变异机制，尤其是一些传染性强、隐匿性强、不典型的疾病。另外，同一种疾病在不同患者身上的表现不一样，这也是影响误诊的客观因素。

相关资料显示，某些疾病的误诊率甚至大于 40%，其中肿瘤是误诊“重灾区”。肿瘤是指机体的局部组织细胞内生成的异类新生物，对机体产生不良影响，甚至导致机体死亡。现代医学对某些肿瘤的治疗已经取得很好的效果，但目前人类还未找到根治的办法。

智能服务在肿瘤方面主要的应用方向是肿瘤精准医疗。精准医疗是一种以个体化医疗为基础的新型医学概念与医疗模式，是综合运用大数据分析、基因技术和生物信息技术开展针对性治疗的前沿科技。肿瘤精准医疗除了可以治疗肿瘤外，还有一个重要作用是降低误诊率。

另外，基因大数据也是精准医疗的一个重要方向。构建基因组数据库，能够为诊断决策提供依据，然后经验不断累积，形成行业大数据应用指南和行业共识。药物开发是基因大数据的终极应用，科学家们能基于这些认知研制肿瘤药物。癌症大数据企业 Flatiron Health 总部位于美国纽约，该企业旨在为解决癌症治疗问题的企业提供大数据服务。奈特·特纳（Nat Turner）和扎克·维恩伯格（Zach Weinberg）是该企业的联合创始人，在创立企业前，他们分别就读于沃顿商学院经济学、企业管理专业，之前他们并没有任何生物学背景。

Flatiron Health 创立之初就瞄准了医学界最复杂、最艰难的研究领域：癌症治疗。

Flatiron Health 做的第一项工作是大数据收集，包括大量结构化、非结构化的数据。在美国，只有 4%左右的癌症病人的数据被完整系统地收集起来，Flatiron Health 要做的就是收集其余的 96%的数据。毫无疑问，这是一项艰难、浩大的工程，为此，Flatiron Health 采用了匹配算法，该算法能够精确定位实验室报告中有价值的数据。

另外，在 Flatiron Health 的云平台上还有模块化内容，包括分析模块和电子病历模块，目的是使数据自动化，利于反馈和纠正错误。

2016 年，Flatiron Health 完成了由药企“大佬”罗氏领投的 1.75 亿美元 C 轮融资。Flatiron Health 能够获得新一轮资本支持不仅仅因为它在癌症治疗领域具有超前理念，还因为大数据在医疗行业具有潜在力量。

大数据除了在肿瘤、癌症等方面有前瞻性应用外，在医疗领域的其他方面也有应用案例。例如，在临床诊断方面，大数据可以全面分析患者疾病指数和用药指数，针对结果制定治疗方案；在临床决策上，大数据可以把医生处方和数据库进行对比，提示患者药物的不良反应等，降低医疗风险；在共享临床医疗数据上，在保护隐私的前提下，大数据可以公开临床医疗数据，帮助医疗企业，特别是新药品研发企业获取更多的真实数据。

大数据医疗正在向着精准化、个性化的方向发展，医疗领域的部分企业已经走在了大数据分析的前列。在国家层面上，政府也在积极推动医疗领域改革，引导自主健康服务体验，让健康数据真正服务于大众，并完善移动支付体系。此外，政府还致力于让优质医疗资源惠及农村偏远地区，让“大数据+医疗”覆盖预防、治疗、康复和健康管理等整个生命周期。

8.3 新时代，服务模式必须升级

如今，企业数字化转型已迫在眉睫，服务模式智能化升级是每家企业都需要重视的工作。智能化服务可以让企业服务更有效率、更人性化，从而提升客户满意度，增加企业的市场竞争力。

8.3.1 服务型制造企业更有竞争力

以自动化设备为代表的“物理世界”和以人工智能、传感器等技术为代表的“数字世界”相互碰撞，推动了制造业的巨大变革。这两个世界的融合为经济发展注入新的动能，新技术不断冲击着生产流程、生产模式和供应链体系。

AI 与制造业的深度融合不但加速了新产品的开发过程，还彻底颠覆了原有的生产流程，提高了用户在生产中的地位。用户可以参与产品设计研发、生产制造、物流配送、迭代升级等环节，自主定义自己需要的产品，从而推动企业更快、更准确地向大规模定制转型。

AI 最大的作用是提高运算效率，降低连接成本。借助于 AI，制造企业可以直接连接用户，拓展业务边界。上汽集团充分利用自身所拥有的丰富场景，加快前沿技术布局，不断扩大“朋友圈”，持续推进智能化研究与商业化应用。

上汽集团是如何通过AI促使服务升级的呢？具体有3个方面，如图8-5所示。

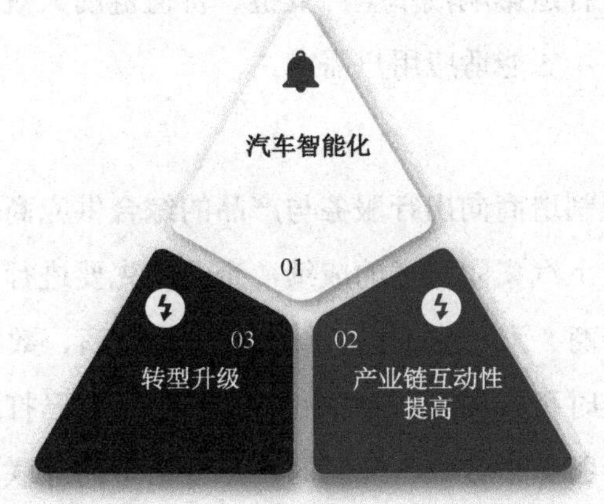

图 8-5　上汽集团应用 AI 促使服务升级的 3 个方面

1. 汽车智能化

在AI的作用下，汽车产业更加开放、层次更多、更注重数字服务，是一种全新的生态。汽车不再像过去那样只是一个产品，其硬件价值不断被削弱，高科技零件、数字化内容、自动化操作系统、人工智能视觉系统等一系列内容构成新的价值体系。

上汽集团建立了我国第一家汽车 AI 实验室。该实验室聚焦了上汽集团丰富的应用场景，全方位提供解决方案，打造基于 AI 的“大脑”。上汽集团将业务布局与技术发展的重点放在智能驾驶决策控制器、人机交互车机系统、车用高精度地图以及车联通信等方面。

2. 产业链互动性提高

AI 能够帮助制造业实现大规模精准定制，满足企业制造升级的需求。企业可以根据用户需求定制产品，实现按需生产。通过技术的创新与发展，企业可以全面感知、收集、分析、共享数据，并重新定义价值链的各个环节，实现自身向 C2F（Customer to Factory，消费者对工厂）模式的转变，让用户对接工厂。

上汽集团与 500 多万名用户直联、交互，让这些用户深度参与产品开发、制造、销售的全过程，打造影响汽车全产业链、价值链的大规模个性化定制项目，让产业链变得更灵活，更能适应用户需求。

3. 转型升级

上汽集团从传统制造商向出行服务与产品的综合供应商转型，向服务型的方向发展。要想做出像上汽集团这样的成绩，企业首先要进行一次价值重构，将自己变成技术平台提供商、汽车生产商、行车服务提供商、数字化内容提供商等。

上汽集团整合分时租赁和汽车租赁业务，努力将自己打造成一个功能全面、技术先进的智慧出行服务平台。与此同时，结合当下的互联网汽车产品，整合相关资源，打造服务生态圈，将服务覆盖到网约车、金融保险、影音娱乐以及充电停车等领域。上汽集团引入 AI 正是制造业转型的一次成功尝试，是智能制造的最佳案例。

8.3.2 用数字化服务系统整合外部资源

卡特彼勒是全球最大的工程机械和建筑机械生产商，也是柴油机、天然气发动机和工业用燃气涡轮机的主要供应商，在品牌、渠道上都有着强大的竞争力。即便占据领先的行业地位，卡特彼勒仍通过开发生产性服务系统促进产品的销售。

卡特彼勒通过全球的代理商网络建立了服务系统，并提供“生产商用户服务合约”（CSA）。该合约以用户需求为核心，服务内容高度灵活，为用户提供产品的周期性维护保养、定期的液压系统检查维护以及定期的设备检查服务。

推行 CSA 后，卡特彼勒可以将精力集中在工程上，供应商按照合约为卡特彼勒提供制造精良的设备，及时解决出现的问题。通过产品和生产性服务的互补，卡特彼勒既解决了施工企业的后顾之忧，又能大幅提高制造商和代理商的销售额。

但生产商和代理商承担不了遍布各地的工程机械服务，这就要求他们必须联合各地的维修企业和租赁企业，共同组成一个服务系统来完成合约内容。这又给修理企业和租赁企业带来新的市场，实现共赢。

卡特彼勒在我国建立了办事处、培训和产品服务中心，以便为日益增长的用户提供及时、周到的服务。由 5 个代理商组成的经销服务网络为各行各业提供适用的机器和设备，并给予综合性售后服务，以提高用户在作业中获得的经济效益。也就是说，生产商与代理商可以根据用户的需要，为用户提供任何服务。卡特彼勒计划在几年内培养 2 000 名服务工程师，让他们能够在 3 小时内到达现场，为用户解决问题。

分销系统是卡特彼勒的竞争优势之一，其代理商遍布 200 多个国家，几乎都是当地企业。这些企业与卡特彼勒之间是相互独立的关系，这反而提升了产品和服务的价值。卡特彼勒通过全球代理商网络为用户提供有竞争性的平台，许多代理商与用户保持了至少横跨两代人的业务关系，这可以打消合作中出现的不信任感。

此外，卡特彼勒还通过全球 1 600 多个网点的租赁店系统，向整个建筑行业提供短期和长期的租赁服务。卡特彼勒旗下的物流服务企业通过全球 25 个国家或地区的 105 家办事处和工厂为超过 65 家的领先企业提供世界级的供应链整合解决方案和服务，主要覆盖汽车、工业、耐用消费品、技术、电子产品、制造业物流及其他细分市场。

卡特彼勒还提供融资服务，通过设立在美洲、亚洲、大洋洲和欧洲的 80 个国家或地区的 40 多家办事处向用户提供多种融资选择方案。借助资本并购这一手段，卡特彼勒实现了向新领域的扩张。大量的并购、合资与独资行为，不仅扩大了卡特彼勒原有产品的生产与销售规模，还让卡特彼勒不断进入新的机械装备细分市场，成为该领域的主导型企业。

与此同时，卡特彼勒还将生产基地扩展到全球各地，将技术中心、供应商和分销商体系、融资租赁和再制造等网络同时铺设到能够获得销售收入与利润的每个战略市场中。通过产品与服务的深度融合，以及服务分销网络的创建，卡特彼勒实现了前所未有的发展。

8.3.3 优化售后管理是重中之重

随着产品同质化以及竞争的加剧，售后已经成为企业保持或扩大市场份额的关键。如今，凡是优秀企业都有一套独立且完善的售后体系，例如，海尔、阿里巴巴、京东、大众等都有自己的售后管理体系。对用户而言，企业是否有完备的售后体系非常重要，毕竟再好的产品都有可能出现问题。因此，企业必须坚持以用户为中心，全力做好用户售后管理，维护自身的形象和口碑。

要做好售后管理，企业必须组建一个能满足用户需求的队伍，同时还应该确保这支队伍能够高效运作，为用户提供及时、高效、专业、快捷的全程式服务。除此以外，企业各部门之间也要紧密配合，当用户有售后需要时，任何员工都要具备为用户解决问题的意识与能力，使用户的反馈能够快速得到解决。

一般情况下，直接负责售后的是客户服务部门。如果用户有售后需求，或对产品进行投诉，客户服务部门首先要对用户的反馈进行判定，指导用户尝试自己解决问题，必要时再安排相应的员工上门服务，以帮助解决问题。

一位别克凯越的车主曾投诉自己的汽车在保养后出现了问题，具体情况是这样的：在行驶的过程中，汽车的引擎盖突然冒起白烟，于是车主就找到经销商。经再次检查，发现是因为上次保养时工作人员大意在引擎盖内落下了一条白色抹布。

虽然这辆汽车上没有行车记录仪，车主也没有拍下视频，抹布也已经被扔掉，但经销商的服务总监表示：“哪怕没办法核实当时的真正情况，也要尽量为车主处理。”最后因为经销商的优质售后，该事件得以解决，那位车主也对处理结果很满意。

经销商并没有因为事情影响不大就选择置之不理，而是严格按照别克的规定，进行高效处理，做好自己该做的事情，真正做到以用户为中心。

由此可见，热情、真诚地为用户着想才能使用户满意。所以，企业要以不断完善服务质量为目标，以便利用户为目的，用一切为用户着想的服务来获得用户的认可。

实战篇

智能制造发展蓝图

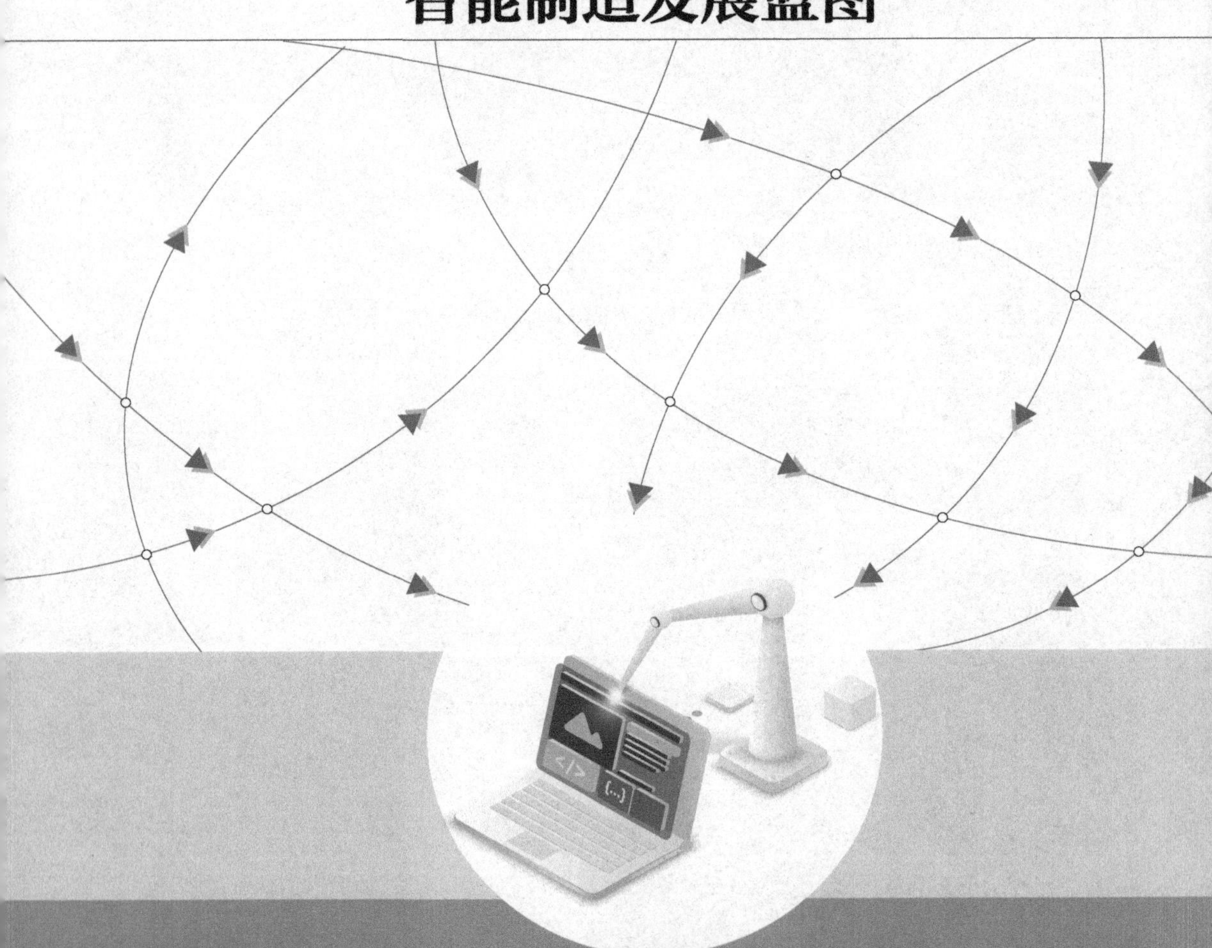

第9章

矩阵效应：各方积极拓展版图

智能制造是企业未来发展的一大趋势，各方都在积极布局。众多投资者看好智能制造领域，为其注入资金。智能制造改善了劳动者的地位，让更多劳动者走向战略决策岗位。智能制造改变了企业的运营模式，技术研发升级成为企业发展重心。

9.1 投资者纷纷进军智能制造领域

作为一个热门领域，智能制造被广大投资者看好，与之相关的新技术、新平台、新企业等都成为资本青睐的对象。大量资本的涌入，也让智能制造得以更上一层楼。

9.1.1 智能制造升级，风口究竟在哪

2021 年 9 月举办的“世界机器人大会”展示了数十项工业机器人解决方案，

以及激光制造与3D打印、数字化车间与智能工厂等智造技术的落地应用。除此之外，首只机器人主题的ETF（Exchange Traded Fund，交易型开放式指数基金）产品“银华机器人50ETF”在2021年10月登录上交所上市交易，这为投资者提供了高效、便捷的投资工具，也表明智能制造产业形成一定规模，进入发展成长期。

近年来，全球制造业都在进行智能化升级，从工业3.0迈向4.0，而新一代的高新技术则成了这次智能制造革命的驱动力。大数据、云计算、人工智能等技术与制造业的结合不仅变革了传统生产要素，还打破了劳动力、资本、土地等资源限制对经济增长的制约，为产业持续升级、转型奠定了基础。

智能制造正在不断突破传统制造的局限，催生新业态，向高质量发展迈进。

2022年前三季度，全国规模以上工业增加值同比增长3.9%。分三大门类看，采矿业增长8.5%，制造业增长3.2%，电力、热力、燃气及水生产和供应业增长5.6%。高技术制造业、装备制造业分别增长8.5%、6.3%。分产品看，新能源汽车、太阳能电池产量分别增长112.5%、33.7%。

从这些数据中我们可以看出，智能制造的风口已至。

小米便是紧跟风口的一家企业。小米智能工厂的总面积为1.86万平方米，投入资金高达6亿元，主要负责生产高端手机、新工艺材料和技术的大型实验、制造设备和生产线实验3项工作。该工厂释放了小米将进行技术下放、从做代工向生产商转型的信号。现在的小米已经开始向制造业靠拢，其不仅自研智能芯片、智能设备，还整合整条生产线，实现设备生产、加工、运输全程自动化。小米智能工厂体现了多种先进技术的融合，通过大数据、自然语言理解、自适应能力等技术，帮助系统能够自主识别、判断和“思考”，从而实现智能决策。

小米智能工厂体现了在技术推动下工业制造的进步，而在未来的元宇宙中，智能工厂不仅可以实现无人化生产，甚至可以将整个生产过程搬进虚拟世界中。

除了小米外，还有很多企业开始布局智能制造。可以预想，随着更多的资本和企业加入智能制造的浪潮中，以及更多的数字技术在工业领域的逐步应用，智能制造领域将会出现更多的风口。

9.1.2 投资者如何进行投资布局

日本软件银行集团（以下简称“软银集团”）收购了英国大型半导体设计有限公司 ARM，收购金额为 243 亿英镑（约合 320 亿美元，2 244 亿人民币）。这是软银集团有史以来金额最高的投资，也创下了日本企业收购英国企业的史上最高交易记录。

毫无疑问，软银集团在 ARM 投下的是巨额赌注，究竟成功与否，还需要时间的验证。但作为软银集团掌门人的孙正义对此信心十足，他表示：“ARM 将完美匹配软银集团的战略，这笔投资帮助我们获得了‘物联网’带来的重大机会。这是我们所做过的最重要的收购之一。”

孙正义投资的很多企业都借着技术的东风一路高歌，他也凭此赚得盆满钵满。孙正义作为一名出色的投资高手，为软银集团下了“一盘棋”，这盘“棋”中有 4 大投资布局，如图 9-1 所示。

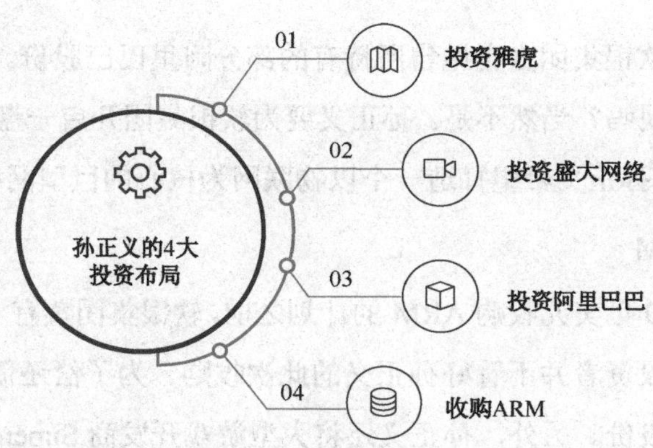

图 9-1 孙正义“棋盘”中的 4 大投资布局

1. 投资雅虎

当初，孙正义投资只有 5 名员工的雅虎。一年后，孙正义追加投资 1 亿美元，但当时雅虎只有15个人。我们都知道，向一个初创企业投资几百万美元是极具风险的事情，因为在20世纪末，互联网刚刚兴起，互联网企业还未展现出非常广阔的前景和完善的盈利体系。

对于投资雅虎，很多人都说孙正义是疯了才看中这样一家名不见经传的小企业，但他坚决不为所动。之后，孙正义又追加投资，总投资额超过3.55亿美元。后来，雅虎顺利在美国上市，孙正义仅仅抛售了5%的股票，就获利4.5亿美元。

2. 投资盛大网络

孙正义为当时处在最困难时期的盛大网络投资4 000万美元，获得21%的股份。一年半后，盛大网络成功上市，孙正义抛售持有股份，套现5.6亿美元。

3. 投资阿里巴巴

相比于投资雅虎和盛大网络，孙正义对阿里巴巴的投资则更为成功。据说，孙正义只了解了6分钟，便决定给阿里巴巴投资3 500万美元。最终经过具体协商，双方将投资金额定为2 000万美元。阿里巴巴上市时，作为最大股东的孙正义获利580亿美元。可以说，孙正义在6分钟内以精准的眼光投资阿里巴巴是最成功的决策。

不过之后，软银集团宣布抛售所持有的部分阿里巴巴股份。孙正义的这个做法仅仅是为了套现吗？当然不是。孙正义要为软银集团开启一盘新的“棋局”，那就是收购ARM。孙正义希望打造一个以物联网为核心的巨型网络。

4. 收购ARM

在提出以320亿美元收购ARM的计划之前，软银集团负有1 120亿美元的债务，这些债务让投资者并不看好孙正义的此次收购。为了偿还债务，孙正义决定抛售阿里巴巴的股份。另外，孙正义还将大型游戏开发商Supercell出售给腾讯。

在放弃多个优质项目后，孙正义共套现近380亿美元。孙正义愿意举债收购ARM进行豪赌的原因一共有3点，如图9-2所示。

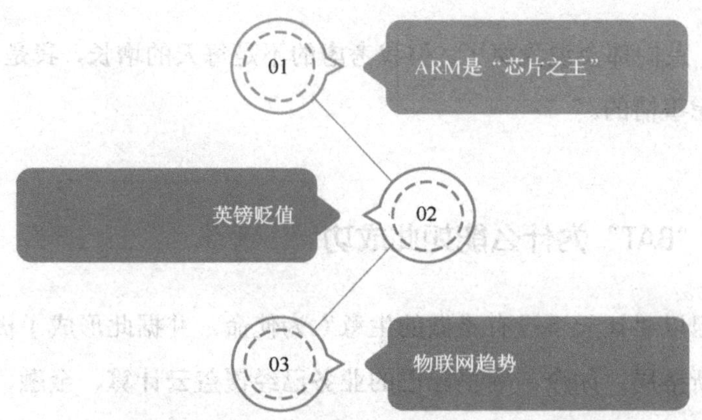

图 9-2　孙正义举债收购 ARM 的 3 点原因

（1）ARM 是“芯片之王”。ARM 非常有潜力，借助智能手机时代的发展机遇实现了迅速崛起。目前，全球超过 95%的智能手机都以 ARM 的架构设计为基础，包括 iPhone、iPad 和 Android 设备以及大多数 Kindle 阅读器等。

其实，ARM 本身并不制造芯片，其运营模式是通过转让许可证寻找合作伙伴，让这些合作伙伴生产芯片。而 ARM 则收取合作伙伴的专利使用费，所以 ARM 拥有高达 96%的超级利润率。相关数据显示，ARM 在全球拥有超过 100 个合作伙伴。

（2）英镑贬值。据估算，英镑贬值可以带来 30%的降价额度。也就是说，孙正义可以以 70%的价格收购 ARM，这降低了孙正义收购 ARM 的难度。

（3）物联网趋势。相比现期回报，孙正义更看重投资对象的未来增值收益。ARM 的芯片在智能手机、智能汽车、智能家居方面具有显著的重要性，可以助力孙正义的物联网布局。另外，孙正义对人工智能和智能机器人领域表现出了极大的兴趣。收购 ARM 是孙正义的战略补充，尽管当时软银集团面临巨额债务缠身的困境，但这丝毫不影响孙正义对物联网的长远布局。

在智能制造时代，物联网必然成为新的趋势，新一轮的文明变革已经开始，这就是为什么孙正义宁可背负巨额债务也要收购 ARM 的重要原因之一。孙正义是一个极具长远眼光的投资者，正如他自己所言：“在大多数时候，每当我采取一个重大行动，人们都会说我疯了。但我考虑的不是每天的增长，我是以 20 年为时间框架来考虑事情的。”

9.1.3 “BAT”为什么能如此成功

阿里巴巴以“让天下没有难做的生意”为使命，并据此形成了极具特色的电商核心网络新格局。如今，阿里巴巴的业务已经覆盖云计算、金融、物流、文娱等多个领域。

2014 年 9 月，阿里巴巴在美国上市；2016 年，阿里巴巴的市值超过 2 000 亿美元；2019 年，阿里巴巴年收入接近 4 000 亿元，同比增长 51%；2022 财年，阿里巴巴年收入 8 531 亿元，净利润 619.6 亿元，活跃用户 13 亿人。这些数据显示了阿里巴巴的雄厚实力。

成立 20 多年的阿里巴巴能够运作得如此成功，除了淘宝非常受欢迎外，还得益于完善的新兴产业布局，具体可以从以下 3 个方面说明，如图 9-3 所示。

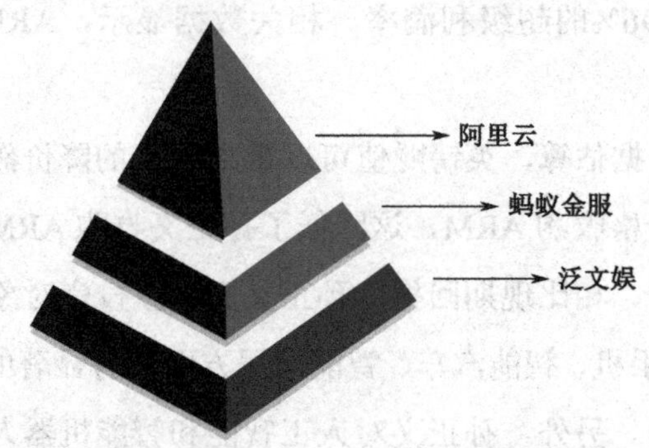

图 9-3 阿里巴巴的新兴产业布局

1. 阿里云

在智能制造时代，云计算成为新的数据处理平台，是未来企业竞争的重点之一。2022 财年，阿里云营收突破 1 000 亿元，经营利润达 11.46 亿元。阿里云的高速增长态势显示了当下市场对云计算服务的巨大需求。可以说，阿里云的成功是阿里巴巴建设“电商帝国”的又一个成功范例。

2. 蚂蚁金服

作为“电商帝国”的重要支持力量，蚂蚁金服已经成为阿里巴巴的一个金融“后院”。在海外拓展方面，蚂蚁金服疯狂投资南亚、东南亚和东亚国家的支付相关企业，以加快国际布局进程。在支付安全方面，蚂蚁金服表示会不断更新技术，为安全支付提供保障。例如，蚂蚁金服相关负责人曾透露将区块链应用于公益场景的信息，这一动作为金融领域注入了新的活力。

3. 泛文娱

除了阿里云和蚂蚁金服外，阿里巴巴还以“自建经营+对外投资”的方式构建了一个庞大的泛文娱“帝国”。近几年，阿里巴巴对旗下各项文娱业务进行重组，产生了众多新的事业群，如阿里影业、阿里音乐、阿里文学、阿里游戏、阿里体育等。

重组以后，阿里巴巴的文娱“帝国”初具规模。之后，阿里巴巴还投资了很多文娱企业，总金额高达数十亿美元，主要目的就是形成“内容+明星+硬件”的全产业生态格局。

以上3个方面均为阿里巴巴的新兴产业布局，这也在一定程度上显示了阿里巴巴的强大实力和巨大成功。同时我们也应该知道，在智能制造时代，即使是阿里巴巴这样的超大型电商“帝国”也需要积极转型，制定新的策略，这是获得良好发展的重要途径。

9.2 智能制造颠覆劳动力市场

在传统的雇佣关系中，劳动者是处于弱势的一方，用劳务交换报酬。而智能制造的发展则改变了这一现状，机器替代了重复性的低价值工作，让更多劳动者走向高价值的战略决策岗，有了更大的话语权。

9.2.1 笑话！谁说员工不能做股东

智能制造在给制造业和工业带来颠覆性革命的同时，也改变了劳动者的地位。我们可以设想一下，如果世界上没有了员工这一角色，员工全部成为股东，掌握着企业的发展方向并拥有重大事项决策权，会是一个什么样的场景？也就是说，社会生产的劳动任务还会继续完成，但完成者的身份发生了实质性变化。

以目前我国的企业角色分配来看，一个企业只有一个人或一小部分人是老板，其余的大多数人都是基层员工，为老板工作。老板和员工有着本质上的区别，老板负责下达任务，而员工负责努力完成任务。

当双方发生利益冲突时，员工非常容易产生懈怠情绪，导致工作散漫、态度消极，没有动力，没有创新精神。员工认为老板太苛刻，老板认为员工太懒惰，同时认为自己付出报酬却没有得到想要的结果。这种看似不可调和的矛盾，是雇佣制的特有属性，也是雇佣制的一大弊端。

如果企业中人人拥有股份，人人都是股东，便没有了员工这一身份的存在。企业的亏损、盈利情况与每个人的年终分红直接挂钩。如果你工作积极、有创新性，企业销售额暴涨；如果你工作懈怠，没有进取精神，企业会亏损，你的年终分红会减少。这种利益关系会让大小股东铆足干劲，切实为企业发展献计献策。当然，目前这种股份制已经十分常见，但此处设想的是在智能制造的背景下，企业中没有员工这一角色。

人的自然属性和社会属性决定了当事情和我们自己相关时，我们会非常用心，动力十足，没有任何的敷衍懈怠，同时，这也是理想状态下的社会劳动场景。在没有员工这一角色的社会中，顺利经营企业的一个有效方法就是让专门的人做专门的工作。

例如，一个企业有100个来自各行各业的股东，当他们对企业的未来发展方向意见不一致时，可以聘请专业的职业经理人来打理企业日常事务。与当下股份制企业不同的是，智能制造场景下的企业会将大数据分析和人工智能引入重大决策和战略部署中。

9.2.2 解读备受推崇的合伙人制度

电影《中国合伙人》详细讲述了3个性格迥异的年轻人奋斗成长的创业故事，时间跨度长达30多年。这3个年轻人从学生时代的懵懂青涩到实现“中国式梦想”，中间几经波折。特别是在处理企业上市的问题上，本是好朋友、好搭档的3人产生了严重分歧。从企业管理角度看，我们可以得出合伙人制度的4点启示，如图9-4所示。

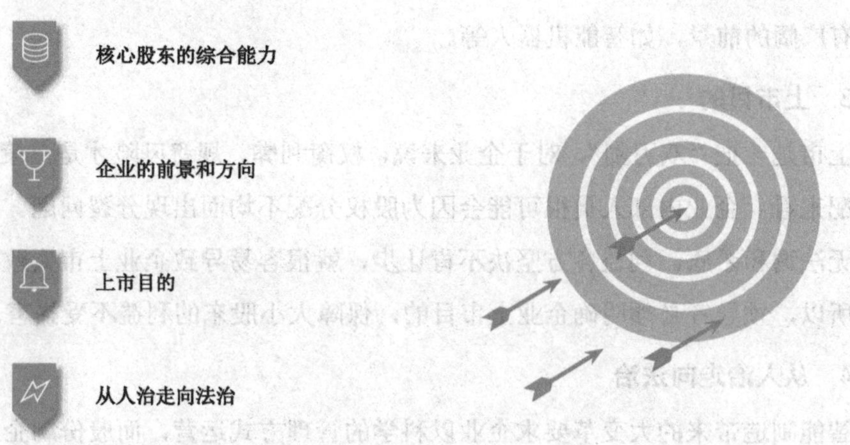

图9-4 合伙人制度的4点启示

1. 核心股东的综合能力

核心股东的综合能力有3种。第一种是价值观。在成立一家企业之前，领导者就要考虑一个问题，即什么样的员工可以持股。因为我和他关系好，所以他可以成为大股东，这是完全错误的管理理念。领导者必须成为核心股东，而且要保证其他股东的价值观和自己的趋于一致。

第二种是业务能力。核心股东要在技术、管理或战略部署方面有较强的业务能力。只有这样，核心股东才能赢得其他股东及员工的信服，保证自己在企业中的话语权。

第三种是经受住时间的考验。在企业从小企业成长为大型股份制企业的过程中，核心股东需要经受时间考验。没有积淀的企业不会成为一个有内涵的企业，经受不住时间考验的人也不会成为核心股东。

2. 企业的前景和方向

影片《中国合伙人》以“留学热”为背景，考雅思托福是出国者的必经之路，电影中的 3 个主角瞄准出国者的这个需求，开办了一个英语培训班，并且越做越大直至上市。可以说，选择一个有前景的行业或领域对企业的发展至关重要。结合未来智能制造的时代特色，大数据分析和人工智能领域以及相关的垂直细分领域均有广阔的前景，如智能机器人等。

3. 上市目的

上市是一把“双刃剑”，对于企业来说，权衡利弊、规避风险才是上策。从股权分配来看，企业内部人员很可能会因为股权分配不均而出现分裂问题。如果领导者无法调和矛盾，利益各方坚决不肯让步，就很容易导致企业上市失败甚至破产。所以，领导者必须明确企业上市目的，保障大小股东的利益不受损害。

4. 从人治走向法治

智能制造带来的大变革要求企业以科学的管理方式运营，而股份制企业更容易满足这一条件。因为股份制企业管理中的人为干预因素最少，法治因素较多。同时，以往商场上的人情关系不适用于智能制造下的股份制企业。例如，某位股东和董事长私下关系甚好，但在企业发展上有不同意见，所以这位股东在董事长的办公室拍桌大喊，完全不顾其他人的感受。在法治的企业中，这种现象基本上不会出现，因为领导者不会将朋友关系带入职场，以便将人为干预因素降到最低。

以上 4 点启示是以《中国合伙人》为例，结合当下我国企业的部分现状，分析得出的结论以及部分设想。可能未来进入真正的智能制造时代以后，会有其他的制度比股份制更符合企业发展的要求。我们只是从当下企业经营管理的角度出发，对智能制造下的股份制和上市企业做一些大胆想象。

9.3 制造企业之间的运营模式之争

智能制造的出现对企业的运营模式影响最大。以往的人工流水线难以保证产品的输出质量，这让企业不得不把一部分精力放在制造生产上。而智能制造升级了生产方式，让传统工厂变成智能工厂，降低了次品率，提升了产品质量。这让企业可以集中更多的人力和资源在技术研发上，进行更有价值的创新工作。

9.3.1 运营模式一：将重心放在研发和营销推广上

小米是一家科技企业，雷军是董事长兼 CEO。从创立之初，小米就专注于智能产品的自主研发。小米拥有一系列智能产品，如小米手机、红米手机、小米电视、智能硬件配件及小米生活周边等。

小米旨在打造一条以手机为中心的智能生态链。另外，小米以“为发烧而生”的极致精神吸引了一大批忠实的“米粉”（小米粉丝的代称）。

在营销推广上，雷军为自己的企业开创了一个独特的“先推广后生产”的商业模式，其特点是舍弃高昂的电视媒体广告途径，转而进行零预算的饥饿营销。饥饿营销指的是企业在产品上市前期大量宣传，以引起用户关注，制造出“供不应求”的假象，例如，苹果就在我国以限量销售的手段吸引了众多用户的关注。

小米的营销推广主要有以下 3 种方式，如图 9-5 所示。

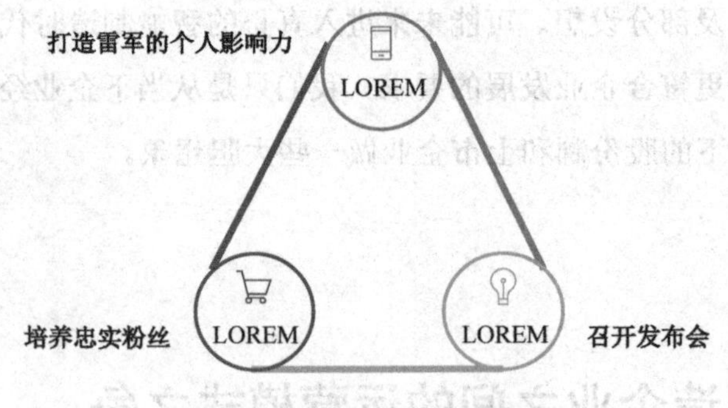

图 9-5　小米营销推广的方式

1. 打造雷军的个人影响力

雷军将他所理解的互联网思维总结为 7 个字：极致、专注、口碑、快。雷军本人经常高调亮相在大众面前，利用粉丝经济为自己培养了一批忠实粉丝。这大大提高了小米粉丝对小米品牌的认知度。在小米发布会上，雷军的演讲有超过 200 万粉丝同步收听，这足以证明他的影响力之大。

2. 培养忠实粉丝

（1）社区官方论坛。小米社区官方论坛是“米粉”们的畅谈平台和大本营。凭借这些“米粉”的超高活跃度，小米获得了良好的口碑。雷军非常了解粉丝的宣传带动效果，也非常善于利用这些看不到的强大力量。可以说，小米是在论坛中走出营销第一步的，也是在这里，小米积累了第一批忠实粉丝。

（2）微博。小米在微博进行产品宣传推广，迅速吸引了大众的注意力。除论坛外，微博成为小米进行营销推广的又一重要阵地。小米在微博上取得的良好营销推广效果与黎万强息息相关。黎万强是小米的联合创始人，也是一名互联网新营销高手。黎万强非常懂得如何利用互联网吸引用户、留住用户，在雷军的零预算压力下，黎万强借助微博为小米培养出大量忠实粉丝。

3. 召开发布会

小米召开产品发布会的频率非常高，此举有两个目的：一个是可以借势推出自己的生态链创业团队，为生态链打造奠定基础；另一个是小米的产品非常多，仅手机板块就有多个系列产品，而且还有智能硬件配件和生活周边等。

举办产品发布会是一种线下推广方式，与投入大量的广告费用相比，发布会的费用要低得多，而且很可能产生轰动一时的营销效果。

小米综合运用“粉丝经济+领导人影响力+平台口碑”吸引了无数粉丝，使得产品在市场上具有很高的占有率。可以说，雷军将饥饿营销做到了极致。

在物以稀为贵的驱动下，饥饿营销吸引了众多粉丝疯狂预购。同时，小米手机也以超高的性价比赢得用户认可。因为只有话题和噱头，没有实质优惠，粉丝是不会买账的。不得不说，小米将运营重心放在自主研发和营销推广上的做法十分正确，为小米的长远发展奠定了坚实基础。

9.3.2 运营模式二：以长远的眼光看待盈利

特斯拉是一个极具创新精神的开拓性汽车企业，总部位于美国加利福尼亚州硅谷的帕罗奥多。特斯拉一直致力于运用最前沿的技术推动可持续交通的发展，这具体表现为其对纯电动汽车的不断创新。

特斯拉以汽车业最高标准来研发电动汽车，力图减少全球交通对石油的依赖，为消费者带来全新的驾驶体验。简单来说，特斯拉是电动汽车的开创者，并且长期保持领先地位。不过，电动汽车并没有给特斯拉带来太多盈利，甚至很长时间都使特斯拉处于亏损状态。

2016年，特斯拉第一季度营收达到16亿美元，较2015年增长45%。但有限的增长还是无法扭转特斯拉持续亏损的现状。此前，特斯拉已经连续12个季度亏损，而且每个季度的亏损额在不断加大。造成特斯拉亏损的客观原因之一，是高速扩张直接导致成本和营业费用的持续攀升。

2019年，特斯拉第三季度营收达到63亿美元，净利润为1.43亿美元。2022年第三季度，特斯拉营收达到214.54亿美元，净利润为32.92亿美元。可见，经过几年的奋斗，特斯拉获得了相对丰厚的盈利。这主要出于以下 3 点原因，如图 9-6 所示。

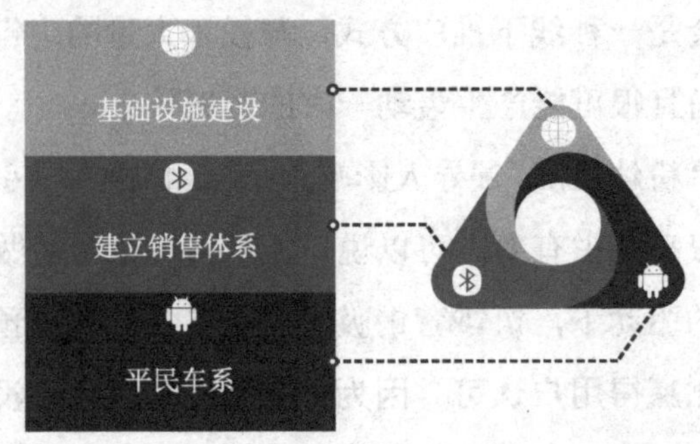

图 9-6　特斯拉获得丰厚盈利的 3 个原因

1．基础设施建设

在基础设施建设方面，特斯拉已经投入十几亿美元，开展了一系列大动作，如增加研发费用，建设超级电池工厂、充电站等。特斯拉在我国建设了 1 300 多座充电站，9 300 多根充电桩，覆盖 300 多个城市，纵贯华北—华中、华北—东北等多条线路。

2．建立销售体系

特斯拉采用网上销售、线下体验的销售模式。以我国市场为例，在进入我国市场的两年时间里，特斯拉已经开设了 6 家直营体验店，还建设了分布在一、二线城市的 10 多个服务和体验中心。这些直营体验店、服务和体验中心充分完善了特斯拉的销售体系。

3．平民车系

企业盈利的关键是产品质量。产品质量高，用户体验好，销售情况自然不会差。特斯拉以预购的形式让消费者满怀期待地等待产品上市。

马斯克对特斯拉抱有极大信心，因为特斯拉赢在了初期的目标定位上。随着全球石油能源的紧缺以及人们对清洁能源的强烈需求，纯电动汽车势必成为焦点。智能制造下的生产对环保要求非常高，所以高利用率、低污染率的清洁能源将成为香饽饽。从这个角度来看，特斯拉在未来必定大有作为，盈利也会越来越丰厚。

9.3.3 运营模式三：跟随时代，专注技术发展

谷歌 X 实验室位于美国旧金山，是谷歌最神秘的部门，机密程度非常高。在谷歌 X 实验室工作的人均是来自世界各地科技领域的顶级专家，他们研究各种高科技产品，如谷歌眼镜、无人驾驶汽车、智能机器人、物联网、太空升降梯等。

尽管有些创意实现的概率可能只有百万分之一，但在谷歌 X 实验室中，我们可以看到未来智能世界的雏形。在未来，我们可以用冰箱上网，直接从商场预订食物；智能机器人可以替我们回到家中取重要文件；我们甚至还可以乘坐太空升降梯奔向宇宙。那么，谷歌 X 实验室取得了哪些研究成果呢？如图 9-7 所示。

图 9-7 谷歌 X 实验室的研究成果

1. 谷歌眼镜

谷歌眼镜是一个外形小巧的可穿戴设备，总重量仅为 42 克，配备分辨率为 640×360 的投影屏幕，其显示效果相当于 2.5 米外的 25 英寸屏幕。谷歌眼镜搭载 500 万像素摄像头，同时支持 GPS 定位跟踪、Wi-Fi、蓝牙和骨传导音频传输技术。谷歌眼镜的内存是 16 GB，其中可用空间是 12 GB，可连接“谷歌 Drive”云存储。

另外，谷歌眼镜还是一款可以拓展现实的眼镜，就像一部智能手机可以拍摄照片、视频通话、上网、读取电子邮件那样。使用谷歌眼镜，我们的双手得以解放，通过声音甚至眨眼即可操作。作为一款智能可穿戴数码设备，谷歌眼镜为我们带来新奇的科技体验。例如，当我们骑马时，我们不用拿出手机、打开照相机拍摄，谷歌眼镜可以拍下美好的画面。

谷歌眼镜也可以作为手机的第二块增强现实显示屏来使用，例如，我们可以使用它获得通知及提醒、查看天气、语音输入、交通信息、地图服务等。总之，谷歌眼镜拥有炫酷的外表和丰富实用的功能。

2015 年，谷歌宣布在全球范围内停售谷歌眼镜，其研发团队被划归到智能家居 Nest 部门。谷歌一直在科技界发挥着示范作用，对于此次叫停谷歌眼镜项目，相关人员表示，谷歌并非停止对该产品的研发，停售是为了更好地研发新产品，但并未给出具体的研发时间表。

2. 无人驾驶汽车

无人驾驶汽车是谷歌 X 实验室研发的一款全自动驾驶汽车，不需要驾驶员操作即可完成启动、行驶以及停止动作。谷歌 X 实验室的专家们为无人驾驶汽车安装摄像机、雷达传感器和激光测距仪，以便汽车可以“看到”当前路况，并通过智能地图设计最优路径。

另外，在商业用途方面，无人驾驶汽车可以应用于出租车领域，相当于一辆机器人出租车，独立完成接送乘客的任务。相关数据显示，如果无人驾驶汽车和机器人出租车能够得到广泛应用，那么行驶在城市中的汽车总数将会减少 60%，尾气排放会下降至少 80%，道路交通事故甚至会减少近 90%。

3. Project Loon 气球

Project Loon 气球是谷歌 X 实验室推出的一个热气球联网项目。研发团队希望通过 Project Loon 气球将网络覆盖到任何地方，特别是在某些自然灾害后可以为灾区提供网络服务，尽快恢复当地的通信。

谷歌的计划是在距离地面两万米的高空中均匀分布 Project Loon 气球，然后利用这些 Project Loon 气球发送网络信号。为了更好地控制 Project Loon 气球，谷歌会对其高度进行上升或下降的调节。尽管某几个 Project Loon 气球会在气流作用下移动，但是总体仍然能够保持均匀分布。经过测试，大部分的 Project Loon 气球可以在高空中飘浮停留 6 个月之久。

谷歌眼镜停售，无人驾驶汽车的商业化还有一段时间，Project Loon 气球成为谷歌 X 实验室向世界展示其颠覆性技术的代表研究项目。

除了以上几个研究成果外，谷歌 X 实验室还有很多其他令人眼前一亮的项目。毫无疑问，这些所谓的创新性项目需要巨大的资金投入，而谷歌本身的超高业绩可以支持这些研究顺利进行下去。

谷歌 X 实验室是科技巨头为改变世界而设立的，但谷歌不得不面对的一个问题是：自己感兴趣的项目，那些投资者是否有耐心等待。所以，谷歌 X 实验室主管阿斯特罗·泰勒（Astro Teller）说："作为企业实验室，要想实现平衡非常困难，我们既要押重注于未来，同时还不能吓跑那些投资的人。"

探索性创新产品走向市场并接受消费者检验是一个漫长的过程，但仍有许多投资者继续为未来注资。在思维理念上，谷歌和小米有很大区别，谷歌关注的是人类更遥远的未来，而小米关注的是当下的世界。但两者都是在用科技的力量创造一个属于自己的生态系统。

智能制造带来的大变革是广泛而深刻的，甚至颠覆人类固有的生活方式，而谷歌探索未来的精神正契合了这种大变革趋势。尽管路途坎坷但人类探索的步伐不会停滞，新兴科技产品的大规模商业化推广会加快智能制造的真正落地。

第 10 章

领先方案：变身智能制造强者

面对制造升级的大趋势，企业要做好准备，制定出符合企业发展现状的方案，以自信的姿态迎接第四次工业革命的到来。

10.1 依托智能制造的趋势选择发展方向

企业可以根据智能制造的趋势以及企业业务定位选择发展方向，目前机器人、智能驾驶、智能家居、3D/4D 打印都是热门的智能制造发展方向。

10.1.1 引入机器人，建设“有意识”的工厂

目前，传统工厂要想实现智能化转型升级，第一步就是引入机器人“员工”，将大量重复、枯燥的工作交给机器人完成。在所有机器人中，机械臂是应用较为广泛的一个，也是最具有代表性的智能化设备。通常来讲，机械臂由运动元件、

导向装置与“手臂”组成。

其中，运动元件主要包括油缸、凸轮、齿条、汽缸等部件，作用是驱动“手臂”运动；导向装置的作用承受由于产品重量所产生的弯曲和扭转的力矩，保证“手臂”的正确方向；而“手臂”的作用则是连接和承受外力。

一般情况下，安装在“手臂”上的零部件非常多，如冷却装置、自动检测装置、控制件、管路、油缸、行程定位装置、导向杆等。因此，“手臂”的工作范围、动作精度、结构、承载能力都会对机械臂的性能产生很大影响。

在我国，包括机械臂在内的机器人非常受工厂的欢迎，主要原因有以下几个。

1. 可以提升工人工作的安全性

采用机器人以后，工人工作时的安全性将会有较大提升，工伤事故也会大幅度减少。在所有工作都由工人承担时，即使是经验非常丰富的工人也有可能因为设备故障、工作疏忽等情况而受伤。

特别是那种倒班制的工作，工人很容易在晚上出现生理性疲劳，进而导致安全事故的发生。而机器人不仅可以使工人的安全得到保障，还可以将工厂的损失降到最低。

2. 让工人的工作变得更加轻松

工厂引入机器人后，工人不再需要承担所有的工作，而是只需要看管一个或多个机器人即可，这样工人的工作要比之前轻松很多。另外，机器人进行流水线作业除了会让工人更加轻松外，还可以节省场地，从而在很大程度上节省成本，提高生产效率。

越来越多的工厂开始引入机器人，实现生产流程的自动化。虽然工人的数量有了大幅度减少，但是留下来的那些工人可以负责一些更轻松、安全的工作。

未来，工厂里的机器人还会有“灵魂”。机器人可能会向工程师“报告”自己“身体”某个部位出现了问题，必须停止工作接受检查；天气炎热，机器人“心情不好”，需要停工以“闭目养神”；甚至机器人可以“报告”给工程师，来工厂参观的同行偷偷记录了某些数据。

由数据驱动的机器人只是人们用来提高工作效率的工具，但当它们有了“意识”，它们就能和我们进行深度“对话”。对于制造企业来说，这样的机器人更有“温度”，也更能提高企业自身的竞争力，增强企业的竞争优势。

10.1.2 关注无人驾驶，汽车也能自动化

众所周知，谷歌拥有全球最大的搜索引擎之一。除了搜索引擎外，谷歌还积极探索其他领域，并力求占据领先地位。无人驾驶汽车就是谷歌深入探索的其中一个领域，对此，谷歌创始人之一拉里·佩奇（Larry Page）表示：“我的孩子现在很小，我敢肯定你们也一样。但想想这些孩子在老得无法开车时，我们没理由不开发出可以教他们开车的技术。”

对谷歌来说，无人驾驶汽车绝对是一个拥有广阔发展前景的蓝海市场。随着老龄化的不断加重，人们对自动驾驶汽车的需求十分旺盛。

如果后续的上路试验证明无人驾驶汽车可以投入使用，那么无人驾驶汽车有望成为谷歌垄断全球搜索领域市场之后的一张新王牌。其实，早在2010年，谷歌的无人驾驶汽车技术就获得美国加利福尼亚州法案通过，这标志着无人驾驶汽车已经被合法化，可以在道路上自由行驶。

谷歌的无人驾驶汽车是在其他汽车的基础上改装而成的，其内部有一系列感应器，如无线电雷达探测器、激光探测仪、摄像设备等。通过这一系列感应器，无人驾驶汽车可以清晰识别出周围的物体，并清楚地掌握它们的大小、距离。此外，无人驾驶汽车还可以判断出周围物体可能会对平稳行驶造成什么影响，继而做出相应的反应。

谷歌的无人驾驶汽车主要在以下3个方面对现有汽车进行了改装。

（1）障碍物识别。无人驾驶汽车的顶部安装了雷达系统，可以探测周围近百米内（这一范围还在不断扩大）的物体，从而避开障碍和其他汽车。

（2）交通信号识别系统。无人驾驶汽车内部的摄像头可以捕捉到交通指示牌和信号灯信息，并发出相应的指令。

（3）实时定位系统。无人驾驶汽车的轮胎上安装了传感器，可以根据速度和方位确定当前所在位置，并通过 GPS 和谷歌地图找到通往目的地的最快捷道路。

对于无人驾驶所取得的进展，阿拉斯加大学安克雷奇分校计算机信息工程学院副教授兼电气与电子工程师协会（Institute of Electrical and Electronics Engineers，IEEE）成员杰弗里·米勒（Geoffrey Miller）认为，汽车控制系统会越来越智能化，如平行泊车、自动刹车等，人们也会喜欢智能技术的应用。到了 2040 年，无人驾驶汽车将会大受欢迎，并且很有可能成为那时的主导车款。

IEEE 预测，2040 年，美国路上行驶的汽车有 3/4 都是无人驾驶汽车，汽车电脑将成为整个物联网的重要组成部分，闯红灯和超速将成为历史。无人驾驶汽车可以减少道路伤亡、交通堵塞和空气污染，也为残疾人和老人出行提供了更多便利。此外，无人驾驶汽车还能够更好地利用道路，减少停车场的占地面积，因为它们能够比人类更加精准地瞄准停车位。这对美国以及世界上其他交通拥堵的国家来说，是一个非常有意义的创新。

10.1.3 移动互联网升级，智能家居成为新商机

人工智能、5G、大数据、云计算等技术不断发展，智能门锁、智能音箱、家用摄像头等智能家居产品纷纷出现。可以说，技术的进步带动了智能家居市场不断扩大，行业间的合作日益密切，智能设备成为家居业发展的新亮点。

以 5G 为例，5G 将整合智能设备，加速整个制造业的发展，这主要表现在两个方面。

1. 5G 将统一智能家居的网络配置标准

目前智能家居产品已经有了初步的发展，百度、小米以及其他一些科技企业都在智能家居方面有所尝试。但整个智能家居行业难以实现规模化发展，其中最

大的阻力就是智能家居的网络配置标准不一致。

相对简单的智能家居可能涉及多个网络标准，不同品牌的智能家居也有不同的网络要求，甚至会修改原有的 Wi-Fi 或者自建 Wi-Fi。如果用户家里存在多种品牌的智能家居产品，那么将极大地影响用户的使用体验。

而 5G 则会统一智能家居的网络配置标准，这将打破各品牌之间的网络标准壁垒。此外，5G 还可以将不同的智能设备组合在一起。这样一来，智能家居的安装将变得更加简单，使用场景将进一步扩大，智能家居行业将实现更好的发展。

2. 5G 将提升智能家居产品的性能

除了解决一些连接方面的问题外，5G 还可以提升智能家居产品的性能，这得益于 5G 具有低时延的特点。

5G 的响应时间可以达到 1 毫秒，这使得智能家居产品能更加顺畅地对接自动化程序，从而给用户带来更好的使用体验。例如，在智能家庭安防方面，更迅速的响应意味着更早发出警报，这可以进一步保障用户的生命财产安全。

5G 在智能家居中的应用，一方面将建立统一的网络配置标准，有利于不同品牌的产品在同一个场景下使用，加速了行业内各企业间的沟通合作；另一方面提升了产品的性能，给用户带来更好的使用体验。总之，5G 在智能家居行业的应用可以整合智能家居的资源，加强行业间的合作，促进行业的发展。

5G 将使智能家居向更广范围延伸，在不久的将来，旅店、汽车等与家庭相似的场景中都会出现智能家居的身影。

10.1.4 立体化生产背后的 3D/4D 打印

生活在新时代的人们对 3D/4D 打印技术应该都不会太陌生，而且该项技术也被广泛应用于产品生产过程中。所以，对于企业来说，掌握该项技术是非常有必要的，一方面，可以改变产品的生产方式；另一方面，可以提高产品的生产效率。

3D 打印以数字模型文件为基础，通过逐层打印的方式生产产品。而 4D 打印则要比 3D 打印更加高级，在没有打印机器的情况下也可以让材料快速成型，而且根本不需要连接任何复杂的机电设备就能按照产品设计自动折叠成相应的形状。

从目前的情况来看，已经有很多企业掌握并引入了 3D/4D 打印技术，例如，维多利亚的秘密采用 3D 打印技术生产服装，阿迪达斯采用 3D 打印技术生产跑鞋等。下面就以阿迪达斯为例进行详细说明。

阿迪达斯在运用 3D/4D 打印技术助力自身产品生产的道路上不断前行。例如，阿迪达斯旗下的一家快闪店里销售的卫衣全部都是定制化生产的，只需 4 个小时就能生产出来。

阿迪达斯曾制订了一项计划：出售 5 000 双“Futurecraft 4D”（未来工艺 4D）运动鞋。同时还指出，要将打印一双运动鞋的时间缩短为 20 分钟。另外，据阿迪达斯内部员工透露，在 4D 打印技术的助力下，他们有望卖出 10 万双运动鞋。

消费者在官网上预订好运动鞋后，就能去快闪店扫描他们的脚，然后 4D 打印机就会在第一时间进行生产。对于那些脚太小或者脚太大的消费者来说，购买这种定制运动鞋简直再合适不过，因为这会消除他们买不到合适的鞋的烦恼。

实际上，除了“Futurecraft 4D”运动鞋外，阿迪达斯的营销手段也非常值得众企业学习和借鉴。相关数据显示，在李宁、阿迪达斯、耐克、安踏等知名鞋类品牌中，销售业绩最好的是阿迪达斯。之所以会出现这样的情况，不仅仅是因为阿迪达斯运动鞋的质量比较好，还因为阿迪达斯有着非常高超的营销手段。

那么，阿迪达斯的营销手段究竟是什么呢？其实非常简单，概括为 4 个字就是品牌效应。因为只要有消费者存在的地方，品牌就不会消亡。在创造品牌这一方面，阿迪达斯确实做得非常出色，从成立伊始就不遗余力地花钱打广告，宣传品牌。

当然，也有许多运动品牌想要复制阿迪达斯的模式，但大部分没有掌握要领，都只是浅尝辄止。“Futurecraft 4D”运动鞋的成本很高，而阿迪达斯不仅敢投入巨额资金，而且还在认真地制造噱头，就是因为背后有品牌的支持，这恰恰是那些小众运动品牌所不具备的优势。

通过阿迪达斯的案例我们不难看出，企业不仅要掌握相应的技术，还要学会开展品牌营销。只有这样，才可以在改变产品生产方式的基础上，实现销售量和销售额的增加，从而获得更加丰厚的盈利。

10.2 企业如何制定领先方案

面对汹涌而来的智能制造浪潮，企业要做的就是将计划落地，投入制造升级中来。除了积累资金和升级技术外，企业还要挖掘数据的价值，让数据可以更好地指导生产决策。

10.2.1 做好准备，迎接第四次工业革命

通过比较前三次工业革命，我们可以发现它们具有 3 个共同点：一是生产方式得到了改变；二是社会关系发生重大变革，城市化进程有所加快；三是推动了国际经济格局的调整。

对于制造企业来说，第四次工业革命是一次弯道超车的机会，能够提高企业的生产力。制造企业一定要抓住第四次工业革命的机遇，敢于淘汰落后的生产方式以及不合理的组织架构。例如，微软曾经裁掉约 1.25 万名员工，这些员工来自被微软收购的诺基亚。微软 CEO 萨提亚 • 纳德拉（Satya Nadella）表示，重组员

工队伍能使组织结构更有优势，进而实现微软的远大理想。收购后的诺基亚仍然不能摆脱亏损的局面，使得微软不得不放弃诺基亚的亏损业务并裁员。

第四次工业革命的来临，使得科技巨头们不得不淘汰旧的商业模式并引入新的商业模式。与旧的商业模式相比，新的商业模式采取的是扁平化结构，员工更少、效率更高。中小企业需要做的就是淘汰、出售一些非核心业务，进而让精力、资本集中到有竞争力的核心业务上。

删掉非核心业务后，企业要做的是引入或收购一些有潜力的企业。对于传统企业而言，最快提升竞争力的方法就是直接引入先进企业的模式，重塑发展格局。陈一舟于2002年创办千橡互动集团，随后又开发出5Q校园社区。后来，陈一舟出资5 000万元收购了校内网，经过几年运作，校内网更名为人人网，并成功在纽交所上市，当时的市值达71.2亿美元，成为仅次于百度的信息技术概念股第二大企业。尽管上市后人人网的发展日渐式微，但不能不说这是一次完美的同行业单一收购式转型路线。

与之不同的是，许多巨头采用跨行业收购的方法，以期扩大事业版图，阿里巴巴就是其中一员。阿里巴巴上市后，收购、并购、入股等动作不断。

在生活服务方面，阿里巴巴收购口碑网，入股美团、快的打车、高德地图，希望能够以本地生活服务为切入点，在更多细分领域谋求发展。阿里巴巴还以餐饮娱乐、房产交易为重点，以提高用户的体验为宗旨，发展成为国内最大的本地化生活社区平台，并不断提升用户黏性和口碑。

在电商方面，阿里巴巴投资中国万网、宝尊电商、深圳一达通等企业以巩固自己的电商领导者地位。

在移动互联网和社交领域，阿里巴巴入股微博、陌陌、UC 浏览器。这是电商之外的第二大流量入口。

在影视媒体领域，阿里巴巴入股虾米网、优酷土豆、华数传媒。

在金融领域，阿里巴巴与天弘基金、恒生电子开展深度合作。这使得阿里巴巴的小微金融体系进一步完善，也为阿里巴巴在外跑马圈地提供了足够的现金流。

电子商务的快速发展离不开物流的支持，阿里巴巴投资百世物流、星辰急便、日日顺物流、新加坡邮政等。这使得阿里巴巴足以与京东等电子商务平台抗衡。同时，阿里巴巴联合顺丰等企业成立菜鸟物流，进一步加强物流优势。

通过纵深收购、打造版图闭环等形式，企业可以在中长期内占据发展优势，进而在技术、资本等方面为下一步扩张做好准备。

10.2.2 打通各类数据，减少资源浪费

在企业内部，能产生完整价值的不是一个个独立的职能部门，而是由各职能部门参与其中的一条条端到端的价值链。例如，零售行业的企业要想持续提升销售业绩，只依靠销售部门是无法实现的。因为从采购到补货，再到门店运营，很多环节都会影响终端销售。

因此，企业想要实现智能化升级，就必须做好数据连通工作，打通各类数据，优化资源配置，减少资源浪费。

1. 数据资产整理与元数据管理

企业的数据资产就是与业务相关的所有数据的总和。以往很多企业并未将数据作为资产，但随着数字化时代的来临，数据作为企业的核心竞争力，将会成为企业重要的资产之一。既然数据是重要的资产，那么数据就应该像现金或者固定资产一样被有效地管理，因为有效管理是高效应用的前提。

记录数据资产情况的数据是元数据，即关于数据的数据。企业也可以将元数据看作数据资产的清单。通过元数据，企业可以清楚了解到内外部数据的具体情况，包括这些数据来源于哪里、与什么相关、颗粒度是多少、是结构化的还是非结构化的、更新机制和频率如何等。随着计算机、互联网，以及各种软件、应用的普及，内外部数据的种类越来越丰富。企业可以从以下几个角度对这些数据进行分类。

（1）从类型角度，企业可以将数据分为结构化数据、非结构化数据、半结构化数据。

（2）从来源角度，企业可以将数据分为内部数据、外部数据。

（3）从格式角度，企业可以将数据分为图片、文字、声音、视频等。

2. 数据抽取、处理和整合

在对数据有一个比较清楚的了解后，企业就要建立数据库，并将数据从各种不同的数据源中自动抽取到数字化平台上。如果数据规模不大，那么企业可以采用传统的数据库储存数据；如果数据规模很大，一台计算机或一个服务器无法承载，那么企业就要采用分布式储存系统。

3. 主数据管理

主数据是在企业运营过程中，对关键业务对象的识别和描述信息。例如，对于零售行业而言，与产品、门店、顾客、设备等相关的数据都属于主数据。主数据之所以关键，是因为它会在企业的各部门及各种不同的计算机系统中被共享。如果主数据出现错误，就会使其他数据无法进行有效关联，最终导致数据无法正确地反映业务情况。如果基于这样的数据进行决策，就会出现决策偏差和失误。所以，主数据的质量非常重要。

4. 数据模型

当所有数据都被整合到统一的数据平台上时，企业就可以对这些数据进行分析了。需要注意的是，由于当前对非结构化数据直接进行分析和挖掘的计算机算法还不是很完善，因此企业通常需要先把非结构化数据转化为结构化数据，然后再对其进行分析。

5. 数据可视化

数据分析结果的一个主要呈现方式就是可视化报表。通过可视化报表，企业的运营者和决策者可以非常直观地了解业务情况，并对业务问题进行及时干预和处理。

6. 与流程对接

将数据分析结果展示在可视化报表上是远远不够的，更重要的是实现基于“人机结合”的智能化运营。这需要企业将自己得到的有价值的、可以直接驱动执行的数据实时发送到执行系统上，然后优化相应的业务环节。

7. 测量与优化

测量是为了衡量数字化转型的效果。通过不断监控一些重要的 KPI（Key Performance Indicator，关键绩效指标），企业就可以知道基于数字化分析所得出的结论是否可以真正解决业务问题。如果企业发现数字化转型的效果不佳，那就应该立刻对模型进行优化，然后继续测量，直到达到预期效果。

10.2.3 抢占数据入口，巩固市场地位

企业要想成为智能制造的先行者，必须抓住数据入口，识别利益相关者，想方设法获得这些利益相关者的认可。如果企业没有足够的数据管理技巧，就需要招聘新员工或将部分工作外包给第三方。企业还可以设置首席数据官等岗位，以便更好地完成数据分析工作。

对企业来说，如何实现网络建设转型升级非常重要。解决这个问题有利于实现数据互联，防止产生数据孤岛，让企业更高效地进行跨功能数据分析，还可以帮助企业进行数据治理，保证数据安全，减少不必要的“杂讯数据”。

随着数据增多，企业应该使用储存时间更久的数据储存设备，而且，企业必须有一个合适的网络架构来应对数据的增多。目前一些服务商致力于为企业提供以边缘为中心的网络架构，企业与其合作可以降低数据传输成本，深入挖掘数据中的有效信息。此外，企业还可以将人工智能融入网络架构，进而实现设备的智能化和自动化。

在数据的助力下，企业能够创新盈利模式，因为数据在企业内外部都可以产生价值。例如，化工企业可以收集与设备相关的所有数据，以便在设备发生故障前对其进行预测和排查。

时代在发展，企业之间的竞争已经发生巨大改变，由抢占流量入口转变为抢占数据入口。企业要保持先发优势，努力补短板、锻长板，巩固自身的市场地位。